Architektur

raumverloren

und

Demenz

Eckhard Feddersen – Insa Lüdtke (Hrsg.)

Architektur

raumverloren

und

Demenz

Birkhäuser
Basel

Herausgeber und Verlag danken folgenden Institutionen und Unternehmen für ihre Beteiligung an diesem Buch:

BOS GmbH Best Of Steel

Mauser Einrichtungssysteme GmbH & Co.KG

Residenz-Gruppe Bremen

Hans Sauer Stiftung

Herbert Waldmann GmbH & Co. KG

Arthur Waser Gruppe

Layout, Covergestaltung und Satz:
Reinhard Steger
Deborah van Mourik
Proxi, Barcelona
www.proxi.me

Redaktion:
Christel Kapitzki, Berlin
Cocon Concept, Berlin

Übersetzung aus dem Englischen der Beiträge auf den Seiten 86–89, 102–117, 122–133, 146–153, 164–175, 182–183 und 204–207: Philip Schäfer, Worms

Library of Congress Cataloging-in-Publication data
A CIP catalog record for this book has been applied for at the Library of Congress.

Bibliografische Information der Deutschen Nationalbibliothek
Die Deutsche Nationalbibliothek verzeichnet diese Publikation in der Deutschen Nationalbiblio-grafie; detaillierte bibliografische Daten sind im Internet über http://dnb.dnb.de abrufbar.

Dieses Buch ist auch als E-Book (ISBN 978-3-03821-085-6) sowie in einer englischen Sprachausgabe (ISBN 978-3-03821-500-4) erschienen.

© 2014 Birkhäuser Verlag GmbH, Basel
Postfach 44, 4009 Basel, Schweiz
Ein Unternehmen von Walter de Gruyter GmbH, Berlin/Boston

Gedruckt auf säurefreiem Papier, hergestellt aus chlorfrei gebleichtem Zellstoff. TCF ∞

Printed in Germany

ISBN 978-3-03821-467-0

9 8 7 6 5 4 3 2 1

www.birkhauser.com

raumverloren

architektur
und raum

mensch und gesellschaft

haus und hof

karree
und quartier

stadt
und land

prolog

Jonathan Franzen

Als das Herz meines Vaters aufhörte zu schlagen, hatte ich schon viele Jahre um ihn getrauert. Und dennoch, wenn ich mir seine Geschichte vergegenwärtige, frage ich mich, ob die verschiedenen Tode wirklich so voneinander abgespalten werden können und ob Erinnerung und Bewusstsein tatsächlich ein so sicheres Anrecht darauf haben, der Hort der Individualität zu sein. Unablässig suche ich nach einem Sinn in den zwei Jahren, die auf den Verlust seines vermeintlichen „Ich" folgten, und unablässig finde ich ihn.

Vor allem anderen staune ich über das offenkundige Fortbestehen seines *Willens*. Ich bin außerstande, *nicht* zu glauben, dass er einen körperlichen Überrest seiner Selbstdisziplin, eine in den Sehnen wirksame Kraftreserve unterhalb von Bewusstsein und Erinnerung aufbot, als er sich zu der Bitte, die er mir vor dem Pflegeheim vortrug, aufraffte. Ebenso bin ich außerstande, *nicht* zu glauben, dass sein Zusammenbruch am folgenden Morgen, ähnlich dem Zusammenbruch in seiner ersten Nacht allein im Krankenhaus, eine Preisgabe jenes Willens war, ein Loslassen, ein Annehmen des Wahnsinns angesichts unerträglich werdender Gefühle. Auch wenn wir den Beginn seines Verfalls (volles Bewusstsein und klarer Verstand) und dessen Endpunkt (Vergessen und Tod) bestimmen können, war sein Gehirn doch nicht einfach eine computerartige Maschine, die allmählich und unaufhaltsam Amok lief. Während der

Alzheimer'sche Abbauprozess einen stetigen Abwärtstrend wie den hier erwarten ließe,

sah das, was ich vom Niedergang meines Vaters mitbekam, eher so aus:

Er hielt sein Kräfte, vermute ich, länger beisammen, als es ihm der Zustand seiner Neuronen eigentlich erlaubt hätte. Dann kollabierte er und stürzte tiefer, als es durch das Krankheitsbild wohl vorgegeben war, und aus freien Stücken blieb er auch tief da unten, an neunundneunzig von hundert Tagen. Was er *wollte* (in den frühen Jahren Distanz wahren, in den späteren loslassen), war ein integraler Bestandteil dessen, was er *war*. Und was *ich* will (Geschichten über das Gehirn meines Vaters, die nicht von einem Klumpen Fleisch handeln), ist ein integraler Bestandteil dessen, woran ich mich erinnern und was ich weitergeben möchte.

Aus: J. Franzen: *Das Gehirn meines Vaters*, in: Anleitung zum Alleinsein, Essays. Deutsche Übersetzung von Eike Schönfeld.
Copyright © 2002, 2007 Rowohlt Verlag GmbH, Reinbek bei Hamburg

die wiederentdeckung des raumes

Demenz als Zugang zu einer erneuerten Architektur

Eckhard Feddersen und Insa Lüdtke

Dieses Buch führt zurück zur Grundlage der Architektur: die Wahrnehmung des Raumes. Anlass dieser Rückbesinnung ist die Beschäftigung mit dem Bauen für Menschen mit Demenz. Im Laufe der Erkrankung fühlen sie sich zunehmend verloren. Bisher entstehen zumeist Sonderbauten, die lediglich Defizite – mit der Desorientierung einhergehend – ausgleichen sollen. Die Frage aber, wie Räume Sicherheit und Geborgenheit vermitteln und damit zu Selbst-vergewisserung und besserer Lebensqualität beitragen können, bleibt meist unbeantwortet.

Wir haben in diesem Buch Beiträge und Projekte zusammengetragen, die sich mit dem Raum in seinen verschiedenen Dimensionen auseinandersetzen und Antworten auf diese Frage geben können. Das Konzept folgt miteinander korrespondierenden Raumfiguren: ausgehend von Architektur und Raum über Mensch und Gesellschaft und Haus und Hof hin zum Karree und Quartier bis zu den Sphären von Stadt und Land. Bei der Betrachtung haben wir uns bewusst für einen interdisziplinären Zugang entschieden: Architekten, aber auch Gerontologen und Soziologen aus verschiedenen Teilen der Welt geben uns aktuelle Einblicke in Forschung und Praxis. Bei der Auswahl der Projekte ging es uns nicht primär um den Fokus Demenz – maßgeblich war die Auseinandersetzung mit der Räumlichkeit und somit die Relevanz für unsere Fragestellung.

Mit diesem Buch wollen wir das Bauen für Menschen mit Demenz zum Ausgangspunkt einer kreativen Erneuerung der gebauten Umwelt – für alle – machen. Architektur, die unmittelbar über Proportion, Material, Licht, Farbe und Akustik elementare sinnliche Erfahrungen vermittelt, spricht Menschen mit und ohne Demenz gleichermaßen an. Gebäude und Räume, die sinnliche Qualitäten, klare Orientierung, Geborgenheit und Identität vermitteln, stellen für die gesamte Gesellschaft einen Mehrwert dar. Dieser Ansatz ist nicht nur als Beitrag zur Ästhetik und Ethik des Bauens zu verstehen, er verspricht auch ökonomische Vorteile: Was für Betreuer und Angehörige von Menschen mit Demenz gut ist, nützt auch Menschen mit Demenz – und umgekehrt!

Interdisziplinäre Lösungen sind gefragt. Demenz ist nicht nur eine Diagnose, sondern eine gesellschaftliche Aufgabe. Neben der Politik sind deshalb auch Institutionen und Akteure wie Kommunen, Architekten und Stadtplaner, Investoren, Projektentwickler, Betreiber von Pflegeheimen wie auch die Industrie gefordert, neue Wege zu gehen. Hier will das Buch ansetzen: Fragen aufwerfen und richtungweisende Antworten geben.

architektur

und

raum

Transluzente Wand. Licht- und luftdurchlässige Ziegelfassade. Südostasiatisches Dokumentationszentrum für Menschenrechte, Neu-Delhi (Indien). Anagram Architects, 2011

raum lernen, raum erinnern, raum fühlen

Eckhard Feddersen

Für Menschen mit Demenz spielen sinnliche Erfahrungen die zentrale Rolle. Dazu gehört auch das Erleben von Räumen. Wenn die kognitiven Fähigkeiten abnehmen, die Erinnerung an gerade Geschehenes schwindet, bleibt das unmittelbare sinnliche Erleben, und mit dem Fortschreiten der Krankheit wird es immer wichtiger. Die Beschäftigung mit Architektur für Menschen mit Demenz führt daher zurück zu einer sehr grundlegenden Auseinandersetzung mit dem Raum. Grundlegendes beginnt man am besten bei sich selbst.

Ich versuche mich zu erinnern, welches die frühesten Raumgefühle meiner Kindheit waren. Es hat mit Holz zu tun, es riecht nach Teer, es ist warm und stark gemasert. Mein Geburtsort war eine Holzhütte, in der ich bis zu meinem achten Lebensjahr lebte. Ich sehe lange weiße Lichtstreifen auf grobem Sand, gebildet von langen Balken, die auf Stützen liegen, unter denen wir spielen. Es war ein Holzlagerplatz, auf dem unsere Hütte stand. Die Geräusche und der Geruch von Pferden, die über Pflaster laufen und schnauben. Ich glaube, ich hatte Angst. Aber noch heute liebe ich das Gefühl, in einem Holzhaus den Wechsel von Hitze und Kälte zu erleben.

Alle Fensterscheiben waren klein und im Winter mit Eisblumen zugefroren. Ich liebe Eisblumen. In unserer Baracke gab es kein Bad und kein WC. Wir mussten über den Hof in die Umkleiden der Arbeiter gehen. Furchtbar für mich als Kind, besonders bei Sturm. Und in der kleinen Stadt an der Nordsee war es oft stürmisch. Ich hasse es, im Dunkeln im Regen zu gehen. Holzhäuser mit Bretterwänden sind sehr hellhörig. Ich höre noch heute die gedämpften Geräusche meiner Eltern aus den Nebenzimmern. Meine persönliche Erinnerung ist undeutlich, aber alle Sinne waren offensichtlich an meinem Raumerlebnis

beteiligt: Augen, Nase, Ohren, der Tastsinn, am wenigstens wohl der Geschmackssinn. Aber ich kann mich auch an den Geschmack des Eises erinnern, wenn meine Schwester und ich die Scheiben mit den Eisblumen angeleckt haben.

Raum lernen

Ich denke, dass mein Raumgefühl erlernt ist. Und ich glaube, dass alle Menschen Räume lernen. Und dass es kompliziert ist, weil so viele Sinne daran beteiligt sind. Als Architekt ist es nicht verwunderlich, dass man ein feines Raumgespür besitzt oder sich eine solche Fähigkeit mit den Jahren ausgeprägt hat. Wie lernt man, Räume wahrzunehmen?

Wenn man beginnt, auf zwei Beinen zu stehen, ist das schon eine ganz andere Perspektive, als wenn man noch auf dem Bauch robbt. Je schneller man eine Distanz zurücklegt, umso schneller verändern sich die Perspektiven und die Erfahrung des Körpers im Raum. All das hat man eigentlich schon gewusst, bevor man in den letzten 20 Jahren durch den Fortschritt in der Neurologie die Wahrnehmung und kognitive Verarbeitung von Raum beschreiben konnte. Raum entsteht als Projektion im Kopf eines jeden Menschen. Daher wirkt ein Raum auf jeden Menschen auf andere Weise. Einen für alle Menschen gleichen Raum, sei er auch noch so archaisch und simpel, kann es nicht geben. Raum ist ein subjektives Phänomen, keine objektive Tatsache. Daher versuchen wir uns über den Charakter von Räumen zu verständigen und Kategorien zu bilden. Und diese Verständigung scheint auch zu Einvernehmen zu führen, sonst würden wir nicht zwischen Hütten und Hallen, zwischen hellen und dunklen Räumen oder zwischen angenehmen und unangenehmen Raumempfindungen vergleichen können.

Geborgenheit im höhlenartigen Spa-Bereich der Heinrich-Schütz-Residenz in Dresden (Deutschland).
Feddersen Architekten, 2008

In der Neurologie lassen sich heute durch bildgebende Verfahren die Gehirnbereiche, die für die einzelnen Sinne besondere Bedeutung haben, sehr genau umreißen. Auch die Weitergabe von Informationen über Synapsen ist bekannt. Wie allerdings bei Erkrankungen Defizite ausgeglichen werden können, ist bei weitem nicht so klar. Man weiß im Wesentlichen, dass das Gehirn eine große Flexibilität bei Sinneseindrücken, sprachlichen Fähigkeiten oder Bewegungsabläufen besitzt. Aber welche Umwege die Informationsverarbeitung bei Beeinträchtigungen nimmt, ist weitgehend nicht erforscht.[1]

Wir müssen also weiterhin zurückgreifen auf Erkenntnisse, die das Verhältnis der Menschen zum Raum und seine Wirkung beschreiben. Hier wird die größte Wahrscheinlichkeit mit „Normalität" umschrieben. Die dafür eindrucksvollste Schrift in deutscher Sprache stammt von Otto Friedrich Bollnow und wurde bereits 1963 veröffentlicht.[2] Ein zweites wegweisendes Werk wurde von Gaston Bachelard bereits 1957 unter dem Titel *La poétique de l'espace* publiziert.[3] Beide Verfasser kannten sich und haben ihre Werke gegenseitig kommentiert. Otto Friedrich Bollnow betrachtet das Haus als Mitte der Welt und das Wohnen als eine selbstgeschaffene Geborgenheit. Im Kapitel Wohnlichkeit kommt er zu der Überzeugung, dass das Bett, neben Herd und Tisch, die wesentliche Mitte eines Hauses ausmacht und der zentrale Ort von Geborgenheit ist und bleibt. Bei Bachelard finden sich ähnliche Gedanken,

die ganz besonders das Wohlbefinden des Menschen, also sein Glücksempfinden betreffen. Interessanterweise werden die vor 50 Jahren bereits vollzogenen Beschreibungen der Gefühle durch die neurologischen Erkenntnisse bestätigt.

Raum erinnern

Wenn wir davon ausgehen, dass der Verlust der Sinne im Alter, beispielsweise bei einer Erkrankung wie Alzheimer, umgekehrt zur Entwicklung der Sinne des Kleinkindes verläuft, so müssen wir uns zunächst der frühkindlichen Entwicklung zuwenden.[4] Wir wissen heute, dass der Geschmacks- und der Tastsinn sich früher entwickeln als die Sehnerven und das Gehör. Bereits im zweiten Monat im Mutterleib sind erste Tastnerven in den Fingern der noch nicht Geborenen nachgewiesen. Jede Erfahrung hinterlässt Spuren im wachsenden Gehirn und zukünftige Sinneserlebnisse werden davon bestimmt. Insbesondere das Sehvermögen entwickelt sich langsam. Kurz nach der Geburt nehmen Säuglinge nur Hell-Dunkel-Kontraste wahr. Aber es gibt bereits in diesem Alter ein Wahrnehmungsvermögen, das das Gesicht der Mutter von dem anderer Menschen unterscheidet. Der Geschmackssinn ist so ausgeprägt, dass die Sinneszellen auf der Zunge bereits deutlich süße von saurer Milch unterscheiden können. Hiermit verbunden ist auch der Geruchssinn, der zu den tiefsten Eindrücken früher Kindheit gehört und dazu beiträgt, dass Babys schon in den ersten Monaten nach der Geburt bei unangenehmem Geruch diese

Der Architektur des Medizinischen Versorgungszentrums Rothenburg (Oberlausitz, Deutschland) liegt ein ganzheitliches Verständnis von Gesundheit zugrunde. Feddersen Architekten, 2007

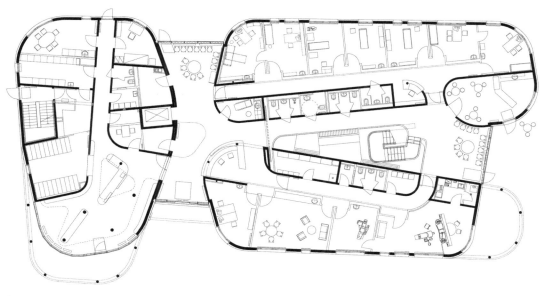

Grundriss Medizinisches Versorgungszentrum Rothenburg (Oberlausitz, Deutschland)

Landmarken erleichtern die Orientierung und geben dem öffentlichen Raum eine eigene Qualität. Hammarby Sjöstad in Stockholm (Schweden). Stadtentwicklungsprojekt 1994–2017

Reizvoll und verwirrend zugleich. Piazza San Lorenzo alle Colonne in Mailand (Italien)

Nahrung nicht weiter aufnehmen. Das Gehör wird bereits im Mutterleib mit ersten Eindrücken gebildet, entwickelt sich aber erst nach der Geburt. Es ist nachweisbar, dass Kinder, die mit viel Musik aufwachsen, auch eine größere Synapsenbildung für Geräusche in ihrem Gehirn haben. Aber erst im Gehirn werden alle Sinneseindrücke zusammengeführt und zu tatsächlichen Eindrücken und Empfindungen verarbeitet.

Hierzu zählt auch der Raum. Wenn die ersten Raumempfindungen noch mit dem Bett, der Bettdecke, der Umrandung des Bettes und dem darüber hängenden Mobile zu tun haben, so erweitert sich offensichtlich das Raumempfinden bereits im ersten Jahr so weit, dass das Kleinkind in der Lage ist, Distanzen einzuschätzen und sich schrittweise langsam den Raum zu erobern. Das bezieht sich auch auf die ersten Höhenversuche bei Treppenstufen, auf die Wahrnehmung von hellen und dunklen Raumbereichen und auf die Registrierung und die Unterscheidung zwischen Tür und Fenster.

Deutlich wird bereits durch dieses Beispiel, dass das wesentliche Sinnesorgan zur Erfassung räumlicher Gegebenheiten und der Umsetzung dieser Information in räumliche Empfindungen das Auge ist. Alle Formen von Helligkeit, Bewegungen, Farben und Formen werden über dieses Organ in einer unvorstellbar großen Geschwindigkeit erfasst. Simple elektrische Impulse führen zu den schönsten Bildern. Wenn wir uns dabei Räume vorstellen sollen, die Menschen helfen, sich zu orientieren und sich sicher und glücklich zu fühlen, so braucht es viele räumliche Unterstützungen, diesen Wunsch zu erfüllen.

Für die Architektur bedeutet dies z. B., auf klare Raumkompositionen zu achten, die unmittelbar erfasst werden können. Verwinkelte oder unbestimmte Räume verunsichern, lösen unbewusst Stress aus. Große Glasflächen, auch bodentiefe Fenster, gelten zwar als schick – aber entsprechen sie dem Bedürfnis nach einer Umgebung, die uns Sicherheit vermittelt? In Erschließungs- und Kommunikationsräumen können sie belebend wirken und positive Spannung erzeugen. In Wohnräumen sollte man sie sehr vorsichtig einsetzen, um die Behaglichkeit nicht zu beeinträchtigen.

Raum fühlen

Nach Bollnow entsteht ein behagliches Gefühl in einem bergenden Raum, in dem ein Mensch sich ohne Vorbehalt bewegen und aufhalten kann. Hier muss er fern von allen feindlichen Gefühlen sein, und nur in dieser Geborgenheit kann er sich dem Schlaf preisgeben. Behaglichkeit ist ein umfassender seelischer Zustand, der den Raum als einen Faktor unter mehreren braucht. Ähnlich verhält es sich mit dem Wunsch nach sozialen Kontakten und Austausch. Auch hier geht der Mensch auf der Suche nach Gespräch und Zuneigung aus einem ihm vertrauten Raum heraus, öffnet sich der Gesellschaft anderer, macht sich dadurch angreifbar, ist aber glücklich, aus der Einsamkeit seines Ichs heraustreten zu können.

Wie weit der Raum in der Lage ist, Wohlbefinden zu fördern, ist stark von der momentanen seelischen Verfassung des Einzelnen abhängig. Um Empfindungen wirklich eintreten zu lassen, die man sich wünscht, ist immer ein ganzes Bündel von sinnlichen Eindrücken spezifischer Art nötig. Das kann der wohltuende Geruch von Blumen sein, die beruhigende Begleitung von Musik oder auch die angenehme Sitzmöglichkeit zur Entspannung. Der Trend zu einer nachhaltigen Architektur, die ökologisch wie gesundheitlich unbedenkliche Baustoffe verwendet und auf eine natürliche Klimatisierung setzt, kann diesen Anforderungen viel besser entsprechen als die übertechnisierte Bauweise der vergangenen Jahrzehnte. Es geht um pragmatische Gestaltung in Low-Tech, die eine Rückbesinnung auf die sinnlichen Qualitäten von Architektur ermöglicht.

Lernen, Erinnern, Fühlen – dieser Dreiklang macht einen gelungenen Raum aus. Das Planen und Bauen für Menschen mit Demenz eröffnet die Möglichkeit dieser Rückbesinnung auf die unmittelbare sinnliche Erfahrbarkeit in der Architektur. Es kann unsere Wahrnehmung schärfen für eine der ersten und wichtigsten Aufgaben von Architektur: Sie soll uns schützen und unser Leben bereichern. Um diesen Anspruch einlösen zu können, müssen wir eine Gestaltung mit eindeutigen, klaren Qualitäten schaffen, die nicht bevormundet und Alternativen eröffnet. Denn letzten Endes soll es jedem Menschen, gerade auch einem Menschen mit Demenz, selbst überlassen werden, welchen Raum er als angenehm und seinen aktuellen Bedürfnissen entsprechend empfindet. Dies beginnt mit dem Wunsch, drinnen oder draußen zu sein. Drinnen in der bergenden Struktur oder draußen in der offenen Freiheit. Bereits der kleinste Versuch, hier eine Entscheidung zu beeinflussen, kann als Bevormundung empfunden werden und nicht nur bei Menschen mit Demenz Unwohlsein, Irritation und Wut auslösen. Nur wenn wir beide Angebote gleichermaßen qualitätvoll und leicht erreichbar ermöglichen, respektieren wir die räumliche Selbstbestimmung. Ich als Architekt bestimme nicht das gewünschte Gefühl, sondern ich biete die Möglichkeit, sich für den jeweils passenden Raum zu entscheiden. Dies gilt für das Verhältnis von innen und außen wie für hell und dunkel, für Distanzen und Proportionen. Es gilt auch für die Entscheidung zwischen lauten und leisen Räumen, harten und weichen Oberflächen, für natürliche und künstliche Stoffe und letztlich für das Alleinsein oder die Gemeinschaft.

Für Menschen mit Demenz sind duale Raumangebote besonders wichtig, um zur Ruhe und zu sich selbst zu kommen. Einseitige Angebote sind eine gewaltsame Verkleinerung des sowieso enger werdenden Lebensraumes. Nur in einer Raumvielfalt lassen sich Freiheit und liebevoller Umgang miteinander leben, können sich Beziehungen zwischen Menschen entwickeln. Jeder hat bisher ein anderes Leben geführt, jeder erinnert etwas anderes, und jeder fühlt etwas Besonderes. Das können wir nur in einer architektonischen Gestalt zum Ausdruck bringen, die zu einem Angebot stets auch das Gegenteil liefert. Wir sollten Räume schaffen, in denen sich Gelerntes leben lässt, Erinnertes seinen Platz hat und Gefühle Widerhall finden. Damit werden wir dem Menschen gerecht – ganz gleich ob er von einer Demenz betroffen ist oder nicht.

1   S. E. Schultz und J. A. Kopec: „Impact of chronic conditions", in: *Health Reports*, 14 (2003), 4, S. 41–53.

2   O. F. Bollnow: *Mensch und Raum*, Stuttgart 1963.

3   Erstmals auf deutsch publiziert: G. Bachelard: *Poetik des Raumes*, München 1960.

4   S. E. Schultz und J. A. Kopec, a.a.O.

Behaglich, sinnlich, mit Bezug nach außen und authentisch im Einsatz lokaler Materialien. Villa Mairea in Noormarkku (Finnland). Alvar Aalto, 1939

EXKURS

mensch, raum und kontext

Als er die 1921 von Walter Gropius am Bauhaus Dessau gegründete Bauhausbühne wieder verließ, schrieb Oskar Schlemmer 1929 in sein Tagebuch: „Man habe eben soviel Scheu als Achtung vor jeglicher Aktion des Menschenkörpers, zumal auf der Bühne…"[1] Die in der Bauhausbühnenwerkstatt zwischen 1926 und 1929 entstandenen „Bauhaustänze" gingen von der Beziehung zwischen Körper und Raum aus und folgten den raumprägenden Grundmustern aus Form, Farbe, Klang, Bewegung und Rhythmus. Dass die Bauhausbühne bis heute Künstler in aller Welt fasziniert, zeigen u. a. die Choreografien der taiwanesischen Tänzerin Yun-Ju Chen. Sie ist sich sicher, dass die historischen Bewegungsstudien kombiniert mit heutigen Körper- und Selbstfindungsübungen dazu beitragen können, die Raumwahrnehmung von Menschen mit Demenz zu verbessern. Die Abbildung links stammt aus dem THEATER DER KLÄNGE Düsseldorf – Produktion „Figur und Klang im Raum", 1993.

1 O. Schlemmer: „Tagebuch, Mai 1929", in: A. Hüncke (Hrsg.): *Oskar Schlemmer. Idealist der Form. Briefe. Tagebücher. Schriften. 1912–1943.* Leipzig 1989, S. 210.

sinnfällig und selbstverständlich bauen

Fragen an Volkwin Marg

V. Marg: Das Thema Architektur und Demenz hat Konjunktur. Wir haben gerade ein riesiges Laborgebäude für die interdisziplinäre Gerontologie der Universitätsklinik in Köln gebaut. Für 60.000 Mäuse und 400 Forscher. Dort geht es nur um Altersforschung, und gegenüber unserem CECAD entsteht noch mal ein gleichartiges Institut der Max-Planck-Gesellschaft. Wenn ich die 40.000 Mäuse dort dazuzähle, wird allein in Köln an Fadenwürmern, Fruchtfliegen und 100.000 Mäusen experimentell geforscht. Das ist die aktuelle Reaktion auf das Immer-älter-Werden.

Sicherlich, und dahinter steht der sogenannte demografische Faktor, der uns auf vielerlei Ebenen umtreibt. Wenn wir uns die zeitgenössische Architektur anschauen – die selbstverständlich sehr differenziert zu betrachten wäre –, können Sie da etwas erkennen, das dieser Entwicklung Rechnung trüge?
V. Marg: Die beste Antwort geben die Architekten selber, denn in der Mehrheit wohnen sie selten selbst in den Interieurs, die sie anderen verschreiben, sondern ziehen sich gern in vorhandene, ältere zurück, die ihr Gemüt ansprechen. Im Wohnungsbau gilt es eine Art Heimat zu schaffen, die den ursprünglichsten seelischen Bedürfnissen an das Wohnen genügt. Das hat mit aktuellen Styling- und Designmoden nichts zu tun. Unsere Wohnbedürfnisse wurden in vielen Jahrtausenden geprägt und laufen auf Dauer nicht konsumsteigernden Trends hinterher.

Was meinen Sie mit ursprünglichen Bedürfnissen?
V. Marg: Das Wohnen, egal ob in der Höhle, im Iglu, im Zelt, in der Bambushütte, im Steinhaus oder schließlich vollklimatisiert im Hochhaus, bleibt im Kern immer noch urtümliches Wohnen und bleibt, je nachdem wie es geprägt wurde, Teil unseres Unbewussten. Es ist eine ererbte archaische Lebensweise des Menschen im Unterschied zu den frühen Primaten geworden. Jeder Mensch vollzieht als Einzelwesen genauso wie die Menschheit als kollektives Wesen alle Überlagerungsschichten der Kultivierung nach. Wir kennen das biologisch entsprechend bei der embryonalen Entwicklung.

Wie muss man sich diese Überlagerungsschichten vorstellen?
V. Marg: Das hat der Philosoph Jean Gebser mit seinem berühmten Werk *Ursprung und Gegenwart* verdeutlicht, in dem er soziokulturell vier Entwicklungsschichten unterscheidet: Die erste Schicht ist die magische, die zweite Schicht die mythische, die dritte die rationale und die vierte Schicht, von der er meint, sie stünde inzwischen an, wäre die integrale. Man muss sich die prägende Ablagerung von Gewohnheiten wie einen weiteren Layer bei der programmierenden Computerspeicherung vorstellen. Und wenn die mit Wohn- und Lebenserfahrungen ein ganzes Leben lang gespeicherte Festplatte voll ist, dann kann es passieren, dass sich diese Layer beim Altern wieder ablösen, sich von oben nach unten, d. h. chronologisch vom Ende zum Anfang, abtragen.

Womit wir schon beim Thema Demenz wären ...
V. Marg: Wir alle erleben früher oder später, mehr oder minder diesen Weg zurück in das Ursprüngliche. Beim Nachlassen des Gedächtnisses sind es meist die jüngsten Layer, die als erste wieder verschwinden, also das Kurzzeitgedächtnis. Dazu braucht man keinen Mediziner, das weiß man! – Länger bleibt das Langzeitgedächtnis – und wenn das allmählich erlischt, bleiben noch die Veranlagungen, die man vor Urzeiten ererbt hat und unterbewusst in sich trägt: Was schützt mich? Was tut mir gut? Was spricht mich in meinen ursprünglichsten Sinnesbedürfnissen an? Empfinde ich Wärme? Werde ich gestreichelt? Was fühle ich, selbst wenn ich die Worte nicht mehr begreife?

Was heißt das für die Architektur? Sie sprechen häufig davon, Raum zu inszenieren. Was bedeutet das im Zusammenhang mit Entwurfs- und Bauaufgaben?
V. Marg: So, wie man im übertragenen Sinne von der Bühne des Lebens spricht, kann man auch bei der gebauten Bühne von architektonischer Inszenierung sprechen. Wie der Bühnenbildner gestaltet der Architekt für das wirkliche Leben, wobei freilich das Bühnenbild generationenlang stehen bleibt, auch wenn sich die Handlungen ändern.

Wie wirkt Raum, als Bild oder eher körperlich? Und welche Rolle spielt dabei Erinnerung?

Ob Höhle oder Hochhaus: Das Wohnen, als eine ererbte archaische Lebensweise des Menschen, orientiert sich an ursprünglichen Bedürfnissen.

Individuelles Wohnen in unterschiedlich geschnittenen Apartments. Collegium Augustinum, Hamburg (Deutschland). gmp Architekten, 1993

V. Marg: Raumwirkung ist sinnlich und körperlich zugleich. In der Erinnerung tritt neben die abnehmende sinnliche Erfahrung, wie ein unterstützendes Stenogramm, das Bild.

In Ihrem Textbeitrag „Innenarchitektur" schreiben Sie: „Über allem Inszenieren für den Einzug meiner Mutter habe ich alles vergessen, was ich an Äußerlichkeiten für meinen Beruf gelernt hatte." – Was meinen Sie damit?
V. Marg: Man macht als Architekt immer auch einen Lernprozess durch, so auch ich beim Bau des Collegium Augustinum in Hamburg für 130 Bewohner in verschieden großen Apartments. Durch den Umzug meiner Mutter von ihrer großen Vier Zimmer-Altbauwohnung in Lübeck in das kleine Apartment im Collegium Augustinum habe ich gelernt, wie wichtig es war, die gewohnte Wohnsituation und das lebenslange Ambiente miniaturisiert im neuen kleinen Apartment wiederzufinden – sodass sie dann, als sie einzog, sagte: „Ach, das ist ja wie zu Hause, das ist schön." Eigentlich hatte sie gar nicht umziehen wollen, aber sie fühlte sich zu Hause und nicht in der Fremde. Andere Architekturvorstellungen, auch meine, hätten ihre Heimaterwartung nicht erfüllt.

Wenngleich sich der Aktionsradius eines alternden Menschen mehr und mehr auf die Wohnung reduziert: Könnte man nicht auch bei anderen Bauaufgaben stärker als bisher Menschen berücksichtigen, die z.B. in ihrer Raumwahrnehmung eingeschränkt sind?
V. Marg: Man braucht Architektur für (alters)behinderte Menschen selbstverständlich nicht auf die Wohnung zu begrenzen. Auf körperliche Behinderungen, d.h. schlecht sehen, schlecht gehen, Eingeschränkt-Sein in der Orientierungsfähigkeit, kann man mit Hilfsmitteln sowie mit simplen baumeisterlichen Selbstverständlichkeiten reagieren. Barrierefreies Bauen hat aber natürliche Grenzen. Im übertragenen Sinne kann man nicht die Alpen einebnen. Man muss sich immer fragen: Wo und für wen und in welchem Ausmaß ist was angemessen?

Und wie kann man mittels Architektur kognitive Einschränkungen kompensieren?
V. Marg: Ganz einfach, indem man so sinnfällig und selbstverständlich baut wie auch für Nichtbehinderte. Die beste Architektur, ob es sich um komplexe oder simple Raumgefüge handelt, ist räumlich selbstverständlich. Leit- und Orientierungssysteme, gleich welcher Art, sind lediglich Hilfsmittel und häufig nur bedingt wirksam, selbst bei Menschen ohne eingeschränkte Wahrnehmung.

Aber das ist ja die Frage. Muss es wirklich etwas anderes sein – oder mit welchen vorhandenen Mitteln kann man die Orientierung verbessern?
V. Marg: Da sind wir wieder beim alten Thema – Sie provozieren mich da ein bisschen. Ich bin sehr, sehr skeptisch zu glauben, dass es, wenn man die baulichen und technischen Instrumente verändert, dann auch Handhabende gibt, die sie benutzen. Das Entscheidende ist doch, dass das soziale Bewusstsein sich verändert. Damit komme ich nochmals auf den Kern. Wir haben eine Lebensspanne erlebt, wo das „Ich, ich, ich …" und „Ich habe einen Anspruch" beherrschend war. Das prägte eine Generation, die meint, dass das Sorgen für die Alten nicht eine persönliche, sondern eine öffentliche, staatliche Pflicht sei. Diese Degeneration des sozialen Bewusstseins kann niemand mit Architektur kompensieren.

Die Fragen stellten Christel Kapitzki und Insa Lüdtke.

Sigrid Sandmann: „gewohnt", Rauminstallation „Kanalisierung". C15 Sammlung Ulla und Heinz Lohmann, Hamburg (Deutschland), 2009

szenenwechsel: ein raum – verschiedene wirkungen

Fragen an Friederike Tebbe

Frau Tebbe, Sie arbeiten mit dem Begriff „Farbbiografie". Was verstehen Sie darunter?
F. Tebbe: Dabei handelt es sich um einen wesentlichen Aspekt im Rahmen meiner Interventionen zum Thema Farbe und Erinnerung. Wir unterscheiden etwa elf Millionen Farbnuancen, doch im Durchschnitt können wir nur rund acht bis zehn Farbtöne identifizieren. Weil Farbe über unsere Sinne konkret erfahrbar ist, kommunizieren wir über Farbe vor allem mithilfe von Analogien und Assoziationen, die sich an diese Sinneseindrücke knüpfen, die wir als innere Bilder gespeichert haben. Diese inneren Bilder sind Erinnerungen, sie bilden unser *Farbarchiv*, eine Sammlung von Farbeindrücken, die wir hinzuziehen, wenn wir uns über Farbe verständigen.

Anders als eine Form denkt man sich eine Farbe nicht zu Ende, d. h. sie wird nicht über den Intellekt vervollständigt, sondern über eine Ahnung. Der Zusammenhang und persönliche Befindlichkeiten spielen eine entscheidende Rolle dabei, wie wir Farben verorten, konnotieren und bewerten. In *Flashback*, einer Intervention in Form eines Testformats, kann man seine persönliche Sammlung erkunden, kann Erinnerungspfaden folgen und sich auf eine Reise in die inneren Bilder begeben, in die eigene Farbbiografie. Da sich dieser Ansatz auch und vor allem mit dem Thema Sehgewohnheiten befasst, dienen Erkenntnisse dieser Arbeit auch der Konzeptentwicklung.

Wie gehen Sie bei der farblichen Gestaltung von Räumen vor? Sehen Sie die Farbgeschichten auch im Sinne von „Schichtung"?
F. Tebbe: Was den Aspekt der Schichtung in der gestalterischen Arbeit im Raum betrifft, gehe ich folgendermaßen vor: Da ist zunächst die Hardware, das räumliche Gefüge, der Grundriss und die Raumproportion. Dann kommt die sichtbare Oberfläche, hier zunächst die Materialien wie Holz, Putz, Beton etc. für Boden, Decke, Wände, Fenster und Türen. Ich erlebe oft, dass über Farbe erst sehr spät nachgedacht wird, als gelte es, am Ende einfach noch ein hübsches Dekor auszusuchen. Dabei beginnt sorgsame Farbgestaltung bereits viel früher, eben bei der Auswahl der Materialien, denn auch Holz, Metall und Beton gibt es in ganz unterschiedlicher Farbigkeit. Und nicht zu vergessen ist natürlich das Licht, das für die Wahrnehmung und Wirkung einer Farbe entscheidend ist.

Dann kommt der Aspekt der Nutzung: Wie und von wem wird dieser Raum genutzt, was gilt es zu betonen und was eher zurückzunehmen? Es geht um die Frage: Wie soll es sich hier anfühlen? Hier betrachte ich meine Arbeit vor allem als eine Übersetzungsleistung: Ich bin gewissermaßen dabei behilflich, dasjenige was in einem Raum oder räumlichen Zusammenhang geschieht, farblich adäquat zu inszenieren.

Farbgestaltung für die Veranstaltungs- und Verwaltungsräume. Umbau, Berliner Dom in Berlin (Deutschland). Friederike Tebbe, 2013

Farbgestaltung des Esszimmers der Villa C in München (Deutschland). Friederike Tebbe, 2011

Das Farbkonzept der Innenraumgestaltung unterstreicht Wohnlichkeit. Kompetenzzentrum für Menschen mit Demenz Nürnberg (Deutschland). Friederike Tebbe, 2006

Welche Rolle spielen Texturen und Licht im Zusammenspiel mit Farbe?

F. Tebbe: Licht und Oberfläche müssen im Kontext gesehen werden, denn beide nehmen im Erscheinen und damit im Empfinden von Farbigkeit eine entscheidende Rolle ein. Eine rote Glasoberfläche ist etwas anderes als ein roter Stoffvorhang. Ein und „dieselbe" Farbe wird durch die unterschiedliche Textur vollkommen anders wahrgenommen. Eine andere Textur wiederum kann Bewegung in das Gefüge bringen und eine Farblandschaft formen. Für den Innenraum eröffnen sich somit viele Möglichkeiten, mit der Wandelbarkeit von Farbe zu spielen.

Apropos „spielen", wie halten Sie es mit der „Inszenierung"?

F. Tebbe: Ich verstehe eine Inszenierung als räumliche Darbietung. Inszenierung beginnt in der Architektur schon mit der Auswahl der sichtbaren Oberflächen, der Materialien. Die Inszenierung ist sozusagen die sichtbare, aber auch hörbare und fühlbare Ebene. Ein hübsch dekorierter Raum bleibt letztlich kleinteilig – er bleibt derselbe. Eine gelungene Inszenierung aber verändert das Erleben eines Raumes.

Dies ist sicher ein Aspekt, der jenseits der individuellen Geschmackskultur besonders in Einrichtungen wie Krankenhäusern oder Pflegeheimen eine wesentliche Rolle spielt. Hier steht Geborgenheit im Vordergrund. Gerade in der atmosphärischen Gestaltung durch Farbe und Oberfläche sehe ich eine besondere Herausforderung und kreativen Spielraum. Das räumliche Gefüge bleibt bestehen – die Inszenierung desselben variiert. So lässt sich der Raum unterschiedlichen Nutzungen anpassen.

Welche Schlussfolgerungen ziehen Sie im Hinblick auf „das Alter" und Ihre Ansätze in der Farbgestaltung?

F. Tebbe: Biografische Aspekte zu berücksichtigen, ist gerade beim Thema Demenz sehr wichtig. Hier geht es weniger um Design als Außendarstellung, als mehr um Inszenierung von Umgebung bzw. Lebenswelt im Sinne von Vertrautheit bekannter Lebensräume. Auch Stimulation ist in diesem Bereich ein wichtiger Gesichtspunkt. Hier tut Inszenierung gewissermaßen not, denn sie hat die Aufgabe, im besten Sinne etwas vorzutäuschen – einen Raum, der Geborgenheit vermittelt. Im Alter steht das Bedürfnis nach Sicherheit im Vordergrund, es geht um Orientierung und Vertrautheit – nicht aber um schematische Leitsysteme, wie wir sie bisweilen aus Krankenhäusern kennen.

Wichtig ist meines Erachtens, Atmosphären der Geborgenheit mithilfe von Farben zu unterstützen, vielleicht sogar „nachzubauen". Das aber geschieht selbstverständlich nicht allein mit einigen Farben an der Wand, sondern zeigt sich im stimmigen Miteinander von Form und Textur sowie Farbe und Oberfläche, durch Vorhänge, Möblierung, Beleuchtung und beispielsweise Bilder an der Wand. Hierbei können durch Verwendung lokal typischer Materialien wie z. B. Klinker oder Holz auch regionale Bezüge hergestellt werden. Doch auch hier gilt: Weniger ist oft mehr! Das Setzen von Akzenten, um einzelne Dinge und Orte zu betonen, ist ebenso wichtig wie das Prinzip der Reduktion, um klare Blickbeziehungen zu schaffen.

Die Fragen stellte Insa Lüdtke.

Kontrastreiche Farbgestaltung von Entree, Küche und Flur der Villa C in München (Deutschland). Friederike Tebbe, 2011

Farbgestaltung im Rahmen eines Umbaus. Eine Stadtvilla in Braunschweig (Deutschland). Friederike Tebbe, 2012

haus sonnweid

Erweiterung eines Pflegeheimes

Wetzikon, Schweiz

Architektur und Innenarchitektur
Bernasconi + Partner Architekten AG, Luzern, Schweiz

Bauherr
Krankenheim Sonnweid AG, Wetzikon, Schweiz

Planung
2006–2012

Fertigstellung
01/2012

Wichtiger Bestandteil dieses Neubaus als dritter Erweiterung des Hauses Sonnweid ist im Innern das Erschließungskonzept mit einem Rampensystem, das den Bewohnern ermöglicht, gefahrlos zu Fuß jedes Geschoss zu erreichen. Die Treppen dienen nur als vertikale Erschließung für das Personal und als Fluchtwege. Das ganze Haus ist um diese Rampe herum organisiert. Sie ist als Raumkörper im Zentrum des Gebäudes gestaltet und erlebbar. Dieses Erschließungssystem ist Teil eines Bewegungskonzeptes, das im Garten seine Fortsetzung mit einem Rundweg findet und gleichzeitig Bestandteil einer „unendlichen Schlaufe" für die Bewohner mit Bewegungsdrang sein kann.

Die Elemente Wasser, Erde, Feuer und Licht sind in abstrakter Form, aber sinnlich erlebbar gestaltet: Damit wird die Rampe zu einem interaktiven Element. Beim Erlaufen erleben Bewohner wie auch Besucher visuelle, taktile und akustische Anreize. Kletterpflanzen, eine Wasserwand und ein Elefantenbaum sind die visuellen und akustischen Merkmale dieser Elemente. Das Feuer ist in Form eines Cheminéeofens neben der Rampe in einer Sitznische angeordnet. Zitate von berühmten Persönlichkeiten der Weltgeschichte zieren die Wände und sollen zum Schmunzeln anregen. Die unterschiedliche Anordnung der Oberlichter ermöglicht ein veränderbares Lichtspiel im Innern des Gebäudes. Damit werden verschiedene Lichtstimmungen durch das Tageslicht erzeugt. Obwohl die Rampe im Innern des Gebäudes angeordnet ist, wird sie wie auch die umliegenden Gangbereiche mit genügend natürlichem Licht versorgt.

Durch- und Einblicke ermöglichen wechselnde Wahrnehmungen der Gestaltungselemente Wasser und Erde. Aus brandschutztechnischen Gründen ist die Rampe mit großen schließbaren Fensteröffnungen ausgestattet, die jedoch im Normalfall offen stehen.

Aufgang 1. Obergeschoss

Schnitt Rampensystem mit den Elementen Wasser, Erde, Feuer und Licht

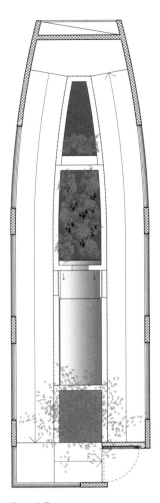

Detail Rampe

Wasserwand

Wasserbecken und Elefantenbaum

haaptmann's schlass

Alten- und Pflegeheim

Berbourg, Luxemburg

Architektur
witry & witry
architecture
urbanisme

Bauherr
Congrégation des
Sœurs Hospitalières
de Ste. Elisabeth

Planung
03/2005–03/2008

Bauzeit
04/2008–07/2010

**Bruttogeschoss-
fläche**
7.100 m²

Das Haaptmann's Schlass in Berbourg hat sich von seiner ursprünglichen Funktion als Blindenheim in ein Alten- und Pflegeheim gewandelt. Das Bestandsgebäude sollte durch einen Neubau mit 72 Plätzen, aufgeteilt in kleinere Wohneinheiten, erweitert und eine neue Mitte für den gesamten Gebäudekomplex geschaffen werden. Da ein Schwerpunkt des Altenheimes auf der Betreuung von Menschen mit demenziellen Erkrankungen liegt, musste der Neubau den Bedürfnissen der zukünftigen Bewohner nach Bewegungsfreiheit, Helligkeit und klarer Strukturierung Rechnung tragen.

Durch die Lage an einem bestehenden Geländevorsprung präsentieren sich die Gebäude zur Parkebene hin ein- und zur Gartenebene zweigeschossig. Von der Parkebene erreicht man mit dem Aufzug die Restaurantebene, die Neubau und Altbau verbindet. Der neue Haupteingang führt direkt in die unterschiedlichen Gemeinschaftsbereiche und zur großzügigen Terrasse im Schlosspark, die zum zentralen Treffpunkt von Alt- und Neubau wird.

Die 72 Zimmer verteilen sich auf drei Pavillonbauten, die sich um einen vom ganzen Haus gemeinsam genutzten Innenhof gruppieren. Die zweigeschossigen Gebäude haben jeweils einen begehbaren begrünten Atriumhof und beherbergen auf jeder Ebene eine Wohngruppe mit zwölf Bewohnern, einen Wohn- und Gemeinschaftsraum mit Küche, ein Stübchen sowie Räume für das Pflegepersonal. Alle Zimmer liegen mit Ost-, Süd- oder Westorientierung an den Außenseiten der Pavillons mit Ausblick in die umgebende Landschaft. Die Gemeinschaftsräume sowie die Flure öffnen sich zu den innen liegenden Atrien. Diese überschaubaren Wohneinheiten vermitteln ein wohliges Gefühl von Zuhause. Großformatige themenspezifische Fotos in den Fluren erleichtern die Wiedererkennbarkeit der verschiedenen Bereiche sowie der Bewohnerzimmer und sollen Identifikation und Orientierung unterstützen.

Haupteingang an der Schnittstelle zwischen Alt- und Neubau

Drei Pavillons gruppieren sich um den zentralen, geschützten Innenhof.

Grundriss der Parkebene der Erweiterung

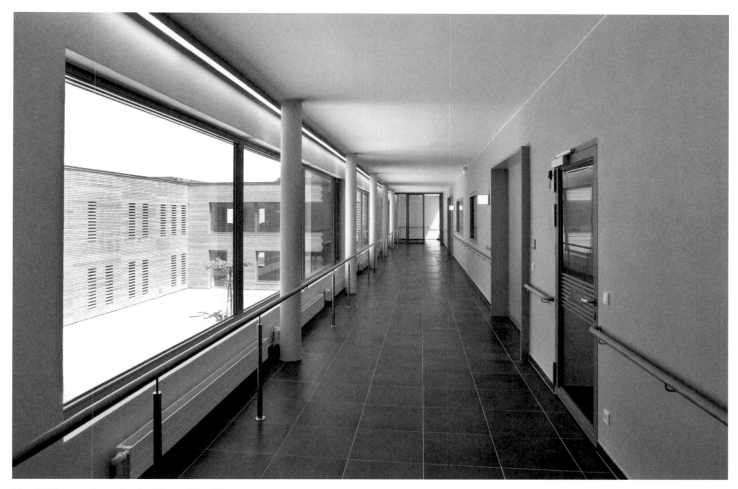

Flur 1. Obergeschoss des Pavillons „Mosel"

Flur 1. Obergeschoss des Pavillons „Ösling"

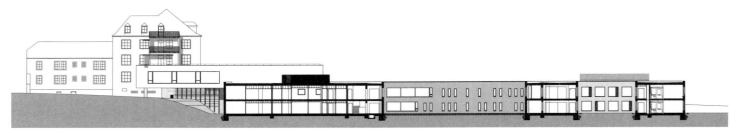

Längsschnitt Erweiterungsbau

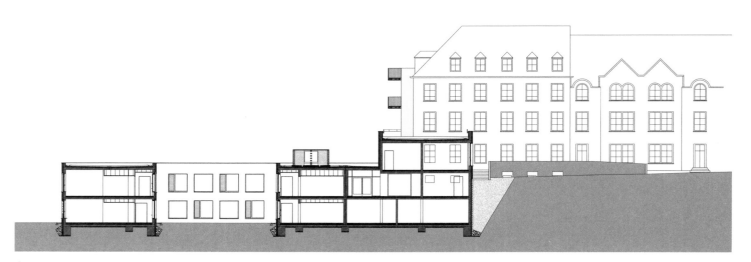

Querschnitt Erweiterungsbau

Blick aus der umgebenden grünen Landschaft auf die gesamte Anlage

house
of life

Pflegeheim

Solingen, Deutschland

Architektur
Arbeitsgemeinschaft
Monse/Molnar +
Großkemm/Richard,
Wuppertal/Solingen
Stadtplaner
Innenarchitekten

Bauherr
Drei-Alt-Solinger
Kirchengemeinden

Planung
Arbeitsgemeinschaft
Monse/Molnar +
Großkemm/Richard,
Wuppertal/Solingen

Bauzeit
2011–2012

Fertigstellung
2013

**Bruttogeschoss-
fläche**
1.154 m²

Jüngere Pflegebedürftige zwischen 18 und 65 Jahren leben aufgrund fehlender adäquater Angebote – wenn nicht in der eigenen Häuslichkeit – häufig in Seniorenheimen oder in Einrichtungen für Menschen mit Behinderungen. Wie muss ein Angebot aussehen, in dem Menschen – mitten im Leben, oftmals ganz plötzlich durch einen Unfall oder eine schwere Krankheit – auf Betreuung und Pflege angewiesen sind? Das House of Life, ein Projekt in Solingen, will mit seinem Konzept erste Antworten geben. Kurz nach seiner Eröffnung wurde das Haus bereits von der Fachzeitschrift *Altenheim* als „Projekt des Jahres 2013" ausgezeichnet.

Zwanzig pflegebedürftige Menschen zwischen 18 und 60 Jahren leben hier in drei Wohngruppen, die sich über drei Etagen verteilen. Farbenfrohe Tapetenmuster auf den Fluren und moderne Lampen in den Gemeinschaftsbereichen vermitteln eine frische und lebendige Atmosphäre. Einladend große Esstische erinnern an Studenten-WGs. Regelrecht eintauchen kann, wer im Badezimmer in der freistehenden Wanne liegt, untermalt von stimmungsvoller Beleuchtung und vertrauten Klängen seiner Lieblingsmusik. Junge Menschen haben eben ganz andere Bedürfnisse: Das fängt beim Speiseplan an und geht bis zur Tagesstruktur und Art der Kommunikation.

Der Neubau, für den der Bauherr 2,1 Millionen Euro investiert hat, verfügt über 20 Bewohnerzimmer. Diese sind im Vergleich zu den Gemeinschaftsbereichen farbneutral und mit rund 17 Quadratmetern eher klein gehalten. Privatsphäre war oberstes Gebot für die Planer, so verfügen alle Zimmer über ein barrierefreies Bad; Glasschiebetüren vergrößern den Raumeindruck. Wie in jedem Hotel selbstverständlich, findet sich auch hier in den Zimmern ein PC- und Telefonanschluss.

Die klare, schnörkellose Architektur des Kubus unterstreichen die bodentiefen Fenster. Mit der Offenheit des Baukörpers korrespondiert seine zentrale Lage: Das Haus liegt am Rand der Solinger Innenstadt – ein wichtiger Faktor bei der Ausrichtung auf die junge Klientel und deren Lebensgewohnheiten im Kontext von Familie und Freunden. Jede Etage ist unterschiedlich gestaltet: Das Untergeschoss mit Zugang zum Garten unterstreicht den Kontakt zur Natur. In der Ebene darüber geht es verspielter und ein wenig barock zu. Im Obergeschoss findet sich eine moderne und klare Formensprache.

Die Architekten wollten mit ihrem Gestaltungskonzept die wachsende gesellschaftliche Vielfalt abbilden, da die Entwurfsaufgabe eine sehr große Altersspanne einbeziehen musste, die mehrere Generationen umfasst. Dabei stellten sie nicht das Lebensalter in den Vordergrund, sondern haben unterschiedlichen Lebensstilen Raum gegeben, die parallel und unabhängig vom Alter Ausprägung finden – ein vielversprechender Ansatz auch für Einrichtungen für Menschen mit Demenz: Sie erleben im Verlauf der Krankheit unterschiedliche Lebensphasen der eigenen Biografie, der Lebensstil bildet die Konstante.

Außenansicht

Innenansicht Ebene 0

Grundriss Ebene 0

Innenraum Perspektive Flur Ebene 2

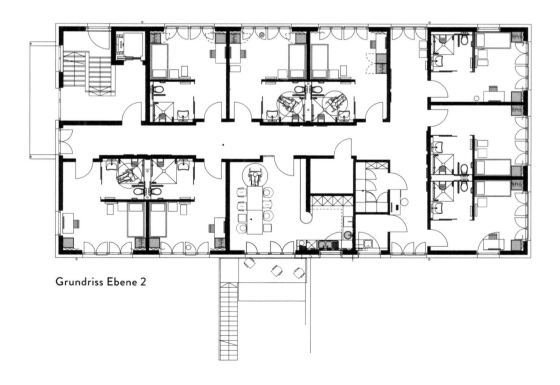

Grundriss Ebene 2

Innenansicht Flur und Aufenthaltsbereich Ebene 1

Innenraum Perspektive Ebene 2

Freistehende Pflegewanne im „Wellnessbad" Ebene 0

Innenansicht Speiseraum Ebene 0

verloren gegangen

Eine kulturwissenschaftliche Reflexion zum Verhältnis von Raum und Demenz

Ralph Fischer

Tatsächlich hat der Begriff des Verlierens zwei verschiedene Bedeutungen. Dinge zu verlieren hat damit zu tun, dass Bekanntes wegfällt; sich zu verlieren hat damit zu tun, dass Unbekanntes auftaucht.[1]

Gehen und Denken stehen kulturhistorisch in einem engen Zusammenhang: Die Peripatetiker, die Schüler der 335 v. Chr. von Aristoteles gegründeten Schule der *Peripatos*, waren dafür bekannt, dass sie ihre philosophischen Debatten während ihrer ausgedehnten Spaziergänge führten. Peripatetiker leitet sich von *peripatein* = spazieren ab. Die Entfaltung der Gedanken korrespondierte mit dem Setzen der Schritte. In der Geschichte der Philosophie wurde in verschiedenen Epochen flaniert, spaziert oder gewandert: Jean-Jacques Rousseau, Karl Marx, Henry David Thoreau, Friedrich Nietzsche, Søren Kierkegaard gehörten zur Riege der gehenden Denker.

Methodik leitet sich aus dem griechischen *méthodos* ab, was ursprünglich so viel bedeutet wie: nachgehen, der Weg zu einem bestimmten Ziel. Gehen bedeutet aber auch: in Beziehung treten. Schritt, lateinisch *passus*, kommt von *pando*: öffnen, spreizen. Mit jedem Schritt öffnet sich der Körper zum Raum. Im Gehen misst das Subjekt die Distanzen mit der Maßeinheit seiner Schritte aus, testet die Beschaffenheit des Untergrundes und variiert sein Bewegungstempo je nach Situation und Umfeld. Michel de Certeau, ein französischer Philosoph, Kulturhistoriker und großer Analytiker des Alltagslebens, beschreibt den Akt des Gehens wie folgt: „Im Rahmen der Äußerung erzeugt der Gehende im Verhältnis zu seiner Position eine Nähe und eine Ferne, ein *hier* und ein *da*."[2] Michel de Certeau spielt dabei auf das kindliche Spiel mit der Spule an, das Sigmund Freud in seinem Werk *Jenseits des Lustprinzips* (1920) beschreibt:

Das Kind hatte eine Holzspule, die mit einem Bindfaden umwickelt war. Es fiel ihm nie ein, sie am Boden zum Beispiel hinter sich herzuziehen, also Wagen mit ihr zu spielen, sondern es warf, die am Faden gehaltene Spule mit großem Geschick über den Rand seines verhängten Bettchens, so daß sie darin verschwand, sagte dazu ein bedeutungsvolles o-o-o-o und zog dann die Spule am Faden wieder aus dem Bett heraus, begrüßte aber deren Erscheinen mit einem freudigen „Da".[3]

Das Kind übt einen spielerischen Umgang mit Nähe und Distanz, Verschwinden und Erscheinen. Es bestimmt allein, wann es den Gegenstand verschwinden und schließlich wieder erscheinen lässt. Michel de Certeau sieht das Spiel der Schritte in unmittelbarem Zusammenhang zum kindlichen Spiel mit der Spule:

Mit dem Raum umzugehen bedeutet also, die fröhliche und stille Erfahrung der Kindheit zu wiederholen; es bedeutet am Ort anders zu sein und zum Anderen überzugehen.[4]

Laufen in endlosen Räumen. Michal Rovner: „Current" (Detail), Videoinstallation in der Mischanlage der Kokerei Zollverein. Essen (Deutschland), Ruhrtriennale 2012

Es scheint einer eigenen physischen, symbolischen und ontologischen Logik zu entsprechen, dass die indogermanische Wurzel des Verbes „gehen" (ghe[i]) sowohl „spreizen" und „schreiten" als auch „klaffen, leer sein, verlassen, [fort]gehen" bedeuten kann. Der Gehende balanciert mit jedem Schritt über einem klaffenden Abgrund. Der Verlust des Gleichgewichtes kann rasch in einen schmerzhaften Sturz münden- eine Gefahr, die für viele ältere Menschen zum Alltag gehört. Zudem ist das Gehen als archetypische Fortbewegung des Menschen ein hochkomplexer Vorgang, der in der Kindheit einst mühevoll erlernt, im Alter, infolge des Muskelschwundes, wieder verloren zu gehen droht. Nicht umsonst handelt das Rätsel der Sphinx von den Fortbewegungsformen des Menschen: So sage mir: „Was besitzt eine Stimme und bewegt sich auf vier, zwei und drei Beinen?"[5] Ausgerechnet Ödipus, der Hinkende, der Schwellfuß, kennt die richtige Antwort: „Der Mensch ist gemeint, denn das Kind kriecht auf allen Vieren, danach steht er auf zwei Beinen, und im Alter nimmt er als drittes einen Stock zur Hilfe."[6]

Die Philosophie des antiken Griechenlands definiert den Menschen anhand seines Ganges – ánthrōpos, das altgriechische Wort für Mensch, bedeutet wörtlich Zweibeiner. Der Mensch ist am aufrechten Gang zu erkennen, der ihn von allen Lebewesen unterscheidet. Das Rätsel suggeriert bereits die Hürden, die der Raum dem Menschen im gehobenen Lebensalter setzt: Die Fortbewegung bedarf einer Stütze, einer Prothese, die dem geschwächten Körper beim Gehen den nötigen Halt verleiht. Doch das Gehen bietet neben der Gefahr des Sturzes noch ein weiteres Risiko: Der Gehende kann sich in der Umgebung verirren. Neben der Gehstütze, die vor Stürzen schützt, bedarf es auch einer Gedächtnisstütze, um in der Komplexität der Umgebung nicht die Orientierung zu verlieren. Jenes unbehagliche Gefühl des Umherirrens in einer fremden Umgebung ist vielen Menschen noch aus ihrer Kindheit in (un-)guter Erinnerung.

Der Raum, den das Subjekt mit seinen Schritten durchmisst, stellt dieses nicht nur vor eine motorische Herausforderung, sondern auch vor ein mnemotechnisches Problem: Der Fußgänger muss sich die Umgebung einprägen, sich zurückgelegten Weges erinnern, sonst kann er sich in der Weite des Raumes leicht verirren. Der Verlust der räumlichen Orientierung gehört zu den Urängsten des Menschen. Deshalb entspricht es wohl einer anthropologischen und einer mythopoetischen Logik, dass zahlreiche Sagen und Märchenstoffe die angstvolle Erfahrung des Verirrens in fremder und unbehaglicher Umgebung als zentrales Motiv verhandeln. Sigmund Freud berichtet in seiner Abhandlung über Das Unheimliche ebenfalls von einer Erfahrung des Umherirrens: Er beschreibt, wie er auf einer Erkundungstour in einer italienischen Kleinstadt an einen Ort geriet, der ihm unbehaglich erschien und von dem er sich eilig zu entfernen suchte. Freuds rastloses Umherirren durch die schmalen und verwinkelten Gassen führt diesen jedoch gleich dreimal in Folge zur gleichen Stelle zurück: „Dann aber erfasste mich ein Gefühl", berichtet Freud, „das ich nur als unheimlich bezeichnen kann, und ich war froh, als ich unter Verzicht auf weitere Entdeckungsreisen auf die kürzlich von mir verlassene Piazza zurückfand".[7]

Für viele Menschen, die an einer Demenzerkrankung leiden, dürften ähnliche Erfahrungen des Unheimlichen zum alltäglichen Leidensdruck gehören. Die Erfahrung des Fremd-Seins in einer Umgebung, deren Anforderungen die Leistungsfähigkeit des eigenen Gedächtnisses übersteigen. In seinem autobiografischen Roman Der alte König in seinem Exil (2011) beschreibt der österreichische Schriftsteller Arno Geiger, wie einfache Alltagspraktiken und Routinen für seinen Vater, der an Alzheimer erkrankt ist, sukzessive zu unlösbaren Aufgaben werden und die Vertrautheit des eigenen Heimes allmählich einem Gefühl der permanenten Fremdheit weicht. Der Zerfall des Gedächtnisses lässt den Erkrankten mit einem chronischen Gefühl der Heimatlosigkeit zurück: Der kontinuierliche Verlust des Gedächtnisses steht in Korrespondenz zum sukzessiven Verlust der räumlichen Orientierung. Die Spaziergänge des Vaters werden zu Irrgängen. Zur rastlosen Suche nach unwiederbringlich verloren gegangenen Erinnerungen. Arno Geiger beschreibt in seinem Roman, wie das seit Jahrzehnten vertraute Lebensumfeld seinem Vater zunehmend fremd wird: Der quälende Eindruck, nicht zu Hause zu sein, gehört zum Krankheitsbild. Ich erkläre es mir so, dass ein an Demenz erkrankter Mensch aufgrund seiner inneren Zerrüttung das Gefühl der Geborgenheit verloren hat und sich nach einem Platz sehnt, an dem er diese Geborgenheit wieder erfährt. Da jedoch das Gefühl der Irritation auch an den vertrautesten Orten nicht vergeht, scheidet selbst das Bett als mögliches Zuhause aus.[8]

Das eigene Zuhause wird zum Unbekannten. Das Haus, das der Vater in den späten 1950er Jahren selbst gebaut hat, vermag er nicht mehr als sein Zuhause zu erkennen. Das Eigenheim verliert seine Heimeligkeit, wird unheimlich: Die Redenden, selbst seine Geschwister und Kinder, waren ihm fremd, weil das, was sie sagten, Verwirrung stiftete und unheimlich war. Der sich ihm aufdrängende Schluss, dass hier unmöglich Zuhause sein konnte, war einleuchtend.[9]

Dieses Gefühl der fundamentalen Heimatlosigkeit verursacht Unruhe. Immerzu will der Vater nach Hause gehen. Als könne er durch einen Ortswechsel dem Zustand entfliehen, in den die Krankheit ihn versetzt hat.

Wenn „Sein Orientiert-Sein heißt"[10], wie Maurice Merleau-Ponty in seiner „Phänomenologie der Wahrnehmung" konstatiert, dann ruft die Symptomatik der Demenzerkrankung die Frage nach der räumlichen Struktur menschlicher Identität auf drastische Art ins Bewusstsein. Der Erkrankte ist mit einem fundamentalen Verlust konfrontiert. Die Umgebung hat ihre Vertrautheit verloren. Der Erkrankte lebt im Zustand mentaler Heimatlosigkeit. Zugleich kann er nicht aufhören, nach dem Ort, der ihm vor Einbruch der Erkrankung Geborgenheit gab, zu suchen: „Ich möchte nach Hause gehen", sagt der Vater zu seinem Sohn. Doch er ist zu Hause, in seinem eigenen Haus, das ihm fremd erscheint. Er redet mit seinem Sohn, den er nicht mehr zu erkennen vermag. Der Gang der Routine ist einem Umherirren gewichen. Einer rastlosen Suche, ohne Aussicht auf Erfolg. Verloren gegangen.

1 R. Solnit: *Die Kunst, sich zu verlieren*, München 2009, S. 29.

2 M. de Certeau: *Kunst des Handelns*, Berlin 1988, S. 191.

3 S. Freud: „Jenseits des Lustprinzips", in ders.: *Gesammelte Werke*, hrsg. v. Anna Freud u. a., Bd. 13, Frankfurt am Main 1999, S. 12–13.

4 M. de Certeau, a.a.O., S. 208.

5 *Der neue Pauly*, Bd. 9, Stuttgart 2000, S. 1129.

6 Vgl. G. Fink: *Who's who in der antiken Mythologie*, München 1999, S. 287.

7 S. Freud: „Das Unheimliche", in ders.: *Gesammelte Werke*, hrsg. v. Anna Freud u. a., Bd. 12, Frankfurt am Main 1999, S. 249.

8 A. Geiger: *Der alte König in seinem Exil*, München 2011, S. 13.

9 A. Geiger, a.a.O., S. 57.

10 M. Merleau-Ponty: *Phänomenologie der Wahrnehmung*, Berlin 1966, S. 295.

Raum spielerisch aneignen. Avi Kaiser, Sergio Antonino: Choreografie „Carré 18", Kaiser-Antonino Dance Ensemble, The Roof Duisburg (Deutschland), 2012

mensch

und

gesellschaft

Ein gebündelter Lichtstrahl verhindert, dass der Betrachter sein Gesicht sehen kann. Alessandro Lupi: „ANTIEGO mirror (identity series)", 2013

demenz als kulturelle herausforderung

Andreas Kruse

Erkennen der Verletzlichkeit des Lebens in der Begegnung mit demenzkranken Menschen

Die Demenz als besondere Form der Verletzlichkeit des Menschen im hohen Alter erlangt zunehmend gesellschaftliche Aufmerksamkeit. Dies hat zum einen damit zu tun, dass viele Menschen in ihrem Familien-, Freundes- oder Bekanntenkreis diese Erkrankung miterlebt haben oder aktuell miterleben. Die damit verbundene persönliche Betroffenheit erhöht die Sensibilität für den Versorgungsbedarf und die Bedürfnisse demenzkranker Menschen. Zum anderen hat es damit zu tun, dass die Demenz eine alterskorrelierte Erkrankung ist und in der Öffentlichkeit auch mehr und mehr als eine solche wahrgenommen wird: Fast 15 % der über 80-jährigen und fast 35 % der über 90-jährigen Menschen leiden an einer Demenzerkrankung unterschiedlicher Ätiopathogenese. Wenn man gleichzeitig bedenkt, dass in den kommenden 30 Jahren der Anteil der 80-Jährigen von heute 6 % auf ungefähr 12 % ansteigen wird und man erwarten darf, selbst ein hohes Lebensalter zu erreichen, so liegt die persönliche Schlussfolgerung nahe, in Zukunft vielleicht zu jenen Menschen zu gehören, die an einer Demenz leiden werden. In dem heute an einer Demenz erkrankten Menschen erkennt man möglicherweise sich selbst – nämlich im Sinne des potenziellen Schicksales, das einem selbst in Zukunft widerfahren wird.

Die von dem englischen Schriftsteller und Theologen John Donne (1572–1631) in seinen im Jahre 1624 erschienenen *Devotions on Emergent Occasions* (Devotion XVII) getroffene Aussage „Do not send to know, for whom the bell tolls, it tolls for thee" („Frage nicht, wem die Stunde schlägt, denn sie schlägt dir") veranschaulicht treffend die Aufgabe, die dem Menschen grundsätzlich gestellt ist: nämlich im Schicksal des anderen Menschen auch das eigene potenzielle Schicksal zu erkennen.

Dies erscheint gerade mit Blick auf die neurodegenerativen Demenzen (deren häufigste Form die Alzheimer-Demenz bildet) als naheliegend, wenn man bedenkt, dass die Alzheimer-Demenz – unabhängig von der Lebensführung – potenziell jeden Menschen im hohen und höchsten Alter treffen kann. Die zunehmende gesellschaftliche Aufmerksamkeit ist schließlich dadurch bedingt, dass für die neurodegenerativen Formen der Demenz bislang noch keine Therapiemaßnahmen entwickelt werden konnten und auch die Wirkung präventiver Maßnahmen sehr begrenzt ist: Körperliches und kognitives Training können das Auftreten klinisch manifester Symptome verzögern, sie können aber das Auftreten einer neurodegenerativen Demenz nicht verhindern.

Menschenwürde

Eine genaue Analyse des Erlebens und Verhaltens demenzkranker Menschen zeigt, dass die Erfahrung von Bezogenheit in allen Phasen der Demenz entscheidende Bedeutung für das Wohlbefinden besitzt. Damit ist gemeint, dass demenzkranke Menschen nicht aus vertrauten sozialen Kontexten ausgeschlossen werden sollen, sondern dass sie – im Gegenteil – weiterhin eine offene, sensible, konzentrierte Zuwendung erfahren, und dies auch dann, wenn sie zur verbalen Kommunikation nicht mehr in der Lage sind und ihre aktuelle Befindlichkeit wie auch ihre jeweilige Motivlage nur aus Mimik und Gestik erschlossen werden kann. Die Erfahrung der Bezogenheit, die Erfahrung offener, sensibler und konzentrierter Zuwendung ist an die Bereitschaft der sozialen Umwelt gebunden, die Menschenwürde des Demenzkranken ausdrücklich anzuerkennen und Möglichkeiten zu eröffnen, dass sich diese tatsächlich verwirklichen, dass sich diese „leben" kann. Dies heißt, sich primär an den aktuellen Bedürfnissen und Neigungen wie auch an den Ressourcen eines demenzkranken Menschen zu orientieren und nicht allein eine pathologische und defizitorientierte Sicht dieses Menschen einzunehmen.

Die Gefahr einer Graduierung der Menschenwürde ergibt sich auch im Falle der Dominanz eines Menschenbildes, das sich ausschließlich an den kognitiven Leistungen eines Menschen orientiert und bei eingetretenen Verlusten dessen Würde grundlegend infrage stellt. Zahlreiche Autoren sehen in diesem einseitigen Menschenbild die entscheidende Gefahr für die Aufrechterhaltung einer offenen, sensiblen und konzentrierten Kommunikation mit dem demenzkranken Menschen wie auch für die unbedingte (also nicht an bestimmte Eigenschaften oder Fähigkeiten gebundene) Akzeptanz seiner Person. Dabei ist zu bedenken, dass gerade bei Vorherrschen eines derartigen Menschenbildes die noch bestehenden Ressourcen eines demenzkranken Menschen übersehen werden, die vielfach im emotionalen, im empfindungsbezogenen, im kommunikativen und im alltagspraktischen Bereich liegen. Diese nichtkognitiven Ressourcen sind für die Selbstaktualisierung eines Menschen – die wir als grundlegende Tendenz des Psychischen verstehen, sich auszudrücken, sich mitzuteilen, sich zu differenzieren – genauso wichtig wie die kognitiven Ressourcen. Und da wir von der Annahme ausgehen, dass die Selbstaktualisierung ein bei allen Menschen erkennbares, zentrales Motiv bildet, ist – nach unserem Verständnis – mit einem reduzierten, da ausschließlich die kognitiven Leistungen betonenden Menschenbild die Gefahr verbunden, den demenzkranken Menschen in der Verwirklichung eines zentralen Motivs zu beschneiden.

Inseln des Selbst und Selbstaktualisierung bei weit fortgeschrittener Demenz

Die Anforderungen, die an die Versorgung und Begleitung demenzkranker Menschen im Sterbeprozess zu richten sind, erfordern eine grundlegende Reflexion über das Selbst und den Prozess der Selbstaktualisierung. Gerade wenn es um ein tieferes Verständnis möglicher Wirkungen von Zuwendung und leiblicher Kommunikation oder von Aktivation und Stimulation geht – zentrale Aspekte der Begleitung sterbender, demenzkranker Menschen –, sind grundlegende Annahmen über das Selbst und den Prozess der Selbstaktualisierung zu treffen. Denn diese geben der Begleitung sterbender, demenzkranker Menschen erst eine theoretisch-konzeptuelle Rahmung.

Das Selbst, das als kohärentes kognitiv-emotional-motivationales Gebilde den Kern der Personalität eines Menschen konstituiert, verliert in den fortgeschrittenen Stadien der Erkrankung mehr und mehr seine Kohärenz. Dieses Selbst kann sich zu sich selbst wie auch zu seiner Umwelt immer weniger reflexiv in Beziehung setzen, was auch durch die grundlegenden Veränderungen im Körpererleben bedingt ist: Der Körper wird immer weniger als Teil des Selbst erlebt, er verliert im Erleben des Demenzkranken mehr und mehr seine Eigenständigkeit gegenüber der Umwelt, dadurch verändert sich die Ich-Du-Relation grundlegend, dadurch nimmt die Angst des Demenzkranken zu, vor dem Anderen auch körperlich nicht mehr geschützt zu sein.

Doch darf nicht übersehen werden, dass auch bei einer deutlich verringerten Kohärenz des Selbst noch in späten Phasen immer Inseln des Selbst erlebbar sind, d. h. Aspekte der Personalität, die in früheren Lebensaltern zentral für das Individuum waren. Daseinsthemen, die dessen Erleben früher bestimmt haben, sind in einzelnen Situationen immer wieder erkennbar. Hier wird wieder die Ressourcenperspektive sehr deutlich, die im Kontakt mit demenzkranken Menschen einzunehmen ist. Und auch mit Blick auf das Leibgedächtnis lässt sich konstatieren, dass dieses noch in späten Stadien der Erkrankung eine bemerkenswerte Ausprägung aufweist: Die leibliche Erinnerung an bestimmte Orte (mit hoher biografischer Prägung) lässt sich bis in späte Krankheitsstadien nachweisen, unter der Voraussetzung allerdings, dass sich die Betreuung und Begleitung demenzkranker Menschen von dem Grundsatz kontinuierlicher Stimulation und Aktivation mit intensiven Bezügen zur Biografie leiten lässt.

Auch mit Blick auf die Selbstbestimmung kann die These aufgestellt werden, dass diese zwar nicht mehr in ihrer früheren prägnanten Gestalt erkennbar ist, dass aber bis in die späten

Stadien der Erkrankung demenzkranke Menschen durchaus spüren, ob sie es sind, die eine Handlung ausführen, oder das Gegenüber. Allerdings kann diese basale Form der Selbstbestimmung vom demenzkranken Menschen nur dann erlebt werden, wenn dieser in einer Umwelt lebt, die die Erhaltung der Ich-Du-Relation auch unter der – oben angesprochenen – Bedingung eines grundlegend veränderten Körpererlebens zu einer zentralen Komponente der Stimulation und Aktivation macht.

Es erscheint uns im begrifflichen wie auch im fachlichen Kontext als zentral, bei einer weit fortgeschrittenen Demenz ausdrücklich von Inseln des Selbst zu sprechen. Das Selbst ist, wie bereits dargelegt, als ein kohärentes, dynamisches Gebilde zu verstehen, das sich aus zahlreichen Aspekten (multiplen Selbsten) bildet, die miteinander verbunden sind (Kohärenz) und die sich unter dem Eindruck neuer Eindrücke, Erlebnisse und Erfahrungen kontinuierlich verändern (Dynamik). Bei einer weit fortgeschrittenen Demenz büßt das Selbst mehr und mehr seine Kohärenz sowie seine Dynamik ein: Teile des Selbst gehen verloren, die bestehenden Selbste sind in deutlich geringerem Maße miteinander verbunden, die produktive Anpassung des Selbst im Falle neuer Eindrücke, Erlebnisse und Erfahrungen ist nicht mehr gegeben, wobei sich auch die Möglichkeit, neue Eindrücke, Erlebnisse und Erfahrungen zu gewinnen, mit zunehmendem Schweregrad der Demenz immer weiter verringert. Doch heißt dies nicht, dass das Selbst

nicht mehr existent wäre: In fachlichen (wissenschaftlichen wie praktischen) Kontexten, in denen eine möglichst differenzierte Annäherung an das Erleben und Verhalten eines demenzkranken Menschen versucht wird, wird ausdrücklich hervorgehoben, dass Reste des Selbst auch bei weit fortgeschrittener Demenz deutlich erkennbar sind. Für jeden demenzkranken Menschen – auch wenn die Demenzerkrankung weit fortgeschritten ist – lassen sich Situationen identifizieren, in denen er (relativ) konstant mit positivem Affekt reagiert, sei dies der Kontakt mit Menschen, die eine ganz spezifische Ausstrahlung und Haltung zeigen, sei dies das Hören von bestimmten Musikstücken, sei dies das Aufnehmen von bestimmten Düften, Farben und Tönen, oder sei dies die Ausführung bestimmter Aktivitäten. Die Tatsache, dass in spezifischen Situationen (relativ) konstant mit positiven Affekten reagiert wird, weist darauf hin, dass diese Situationen wiedererkannt werden, dass sie damit also auf einen fruchtbaren biografischen Boden fallen – und dies lässt sich auch in der Weise ausdrücken, dass mit diesen Situationen Reste des Selbst berührt, angesprochen werden.

Die Identifikation solcher Situationen, die an positiv bewerteten biografischen Erlebnissen und Erfahrungen anknüpfen und aus diesem Grunde positive Affekte und Emotionen hervorrufen können, erweist sich als eine bedeutende Komponente innerhalb des Konzeptes der Biografie- und Lebensweltorientierten Intervention. Gerade im Kontext der Annahme,

Spontan, mit nasser Farbe behauptete Identität. ter Hell: „Ich bin's", 1980

Flucht und Neuanfang als bleibende Erinnerung. Bernd Brach: „Zusammenbruch",
2006. Lederkoffer, Glasbruch, überwachst

dass bis weit in die Demenz hinein Reste des Selbst bestehen, erscheint dieser individualisierende, Biografie- und Lebenswelt-orientierte Rehabilitations- und Aktivierungsansatz als besonders sinnvoll, dessen Kern sehr treffend mit dem Begriff der *Mäeutik* (im Sinne des in der altgriechischen Philosophie verwendeten Begriffes der Hebammenkunst) umschrieben wird. Es wird ja in der Tat in einem theoretisch derart verankerten Rehabilitations- und Aktivierungsansatz etwas „gehoben", nämlich biografisch gewachsene Präferenzen, Neigungen, Vorlieben, die sich in „einzelnen Selbsten" ausdrücken. Diese weisen zwar bei weitem nicht mehr jene Kohärenz, Prägnanz und Dynamik auf, wie dies vor der Erkrankung der Fall gewesen war, doch sind sie wenigstens in Ansätzen erkennbar. Aus diesem Grunde ist hier ausdrücklich von Resten des Selbst zu sprechen. Der Ansatz des Leibgedächtnisses weist in der von diesem Autor vorgenommenen Übertragung auf die innere Situation demenzkranker Menschen Ähnlichkeiten mit der Annahme von Resten des Selbst bei weit fortgeschrittener Demenz auf.

Sorgende Gemeinschaften – geteilte Verantwortung

Mit den bislang getroffenen Aussagen sind grundlegende Anforderungen an die Gestaltung der sozialen und räumlichen Umwelt angesprochen. Die allgemeinste Anforderung bezieht sich auf die Teilhabe demenzkranker Menschen. Mit Teilhabe ist deutlich mehr gemeint als soziale Integration. Sie spricht die Möglichkeit an, die soziale Umwelt aktiv mit zu gestalten, sich mit anderen Menschen im Handeln und Sprechen auszutauschen, Mitverantwortung zu übernehmen. Dieser Teilhabebegriff, der seinen Ursprung auch in dem von Hannah Arendt explizierten Begriff des „öffentlichen Raumes" hat,

den die einzelnen Menschen durch ihre Individualität in einer unvergleichlichen, nicht wiederholbaren Art und Weise mit gestalten und prägen, erfordert aufseiten der sozialen Umwelt größtmögliche Offenheit für die individuelle Persönlichkeit eines demenzkranken Menschen, für dessen spezifische Kompetenzformen (die eben nicht nur die Beachtung von Verlusten, sondern auch und in besonderer Weise von Ressourcen notwendig machen), für dessen spezifische Motive, Interessen, Erlebens- und Verhaltensformen. Sie legt zudem die Schaffung von *Sozialräumen* nahe, in denen sich demenzkranke Menschen einerseits geschützt fühlen können, in denen sie andererseits ausreichend Möglichkeiten finden, schöpferisch zu sein, selbstgewählten Tätigkeiten nachzugehen, mit anderen Menschen in einen Austausch zu treten.

Im Kontext solcher Vorstellungen von Sozialraumgestaltung werden Forderungen nach einer Re-Kommunalisierung sozialstaatlicher Leistungen wie auch nach einer sehr viel stärkeren Verantwortungsteilung – nämlich zwischen Familienangehörigen, professionell tätigen und zivilgesellschaftlich engagierten Menschen – laut. Bei einer Umsetzung dieser Forderung würden deutlich kleinere, aber auch deutlich intimere und leistungsfähigere soziale Netzwerke geschaffen, in denen sich das Schöpferische des Menschen – in diesem Falle: des demenzkranken Menschen – in sehr viel stärkerem Maße entfalten kann. Zudem kann gerade diese Verantwortungsteilung einen wichtigen Beitrag dazu leisten, dass sich unsere Gesellschaft in einer sehr viel offeneren, einer sehr viel weniger „dramatisierenden", mithin einer sensibleren Art und Weise mit dem Thema der Demenz auseinandersetzt. Zudem wird mit der zivilgesellschaftlich engagierten (und nicht nur professionellen) Begleitung demenzkranker Menschen ein bedeutender Beitrag zur Aufrechterhaltung einer auch an Humanitätsidealen orientierten Gesellschaft geleistet. Der Begriff der „sorgenden Gemeinschaften", die sich innerhalb der Kommunen bilden, stellt dabei eine passende Umschreibung der Verantwortungsteilung dar.

Wie haben wir uns nun die sorgenden Gemeinschaften für demenzkranke Menschen vorzustellen? Es sind drei Komponenten, die hier wichtig sind: Die professionelle Pflege bildet eine Komponente, unterstützt durch zwei weitere Komponenten, nämlich die familiäre Pflege und die auf bürgerschaftlichem Engagement gründende Pflege. Gemeint ist hier, dass alle pflegerischen Aufgaben, die professionelle Pflege erfordern, tatsächlich von einer Pflegefachkraft ausgeführt werden. Diese Pflegefachkraft könnte zudem jene Tätigkeiten koordinieren, die Familienangehörige und bürgerschaftlich Engagierte übernehmen. Damit entstünde eine sorgende Gemeinschaft (*caring community*), die sich vom Prinzip der geteilten Verantwortung leiten ließe.

Überlegungen zur „altersfreundlichen Kultur"

1. Unter altersfreundlicher Kultur verstehen wir zunächst die Einbeziehung älterer Menschen in den gesellschaftlichen, politischen und kulturellen Diskurs, dabei auch in den gesellschaftlichen und kulturellen Fortschritt. Nicht selten ist im öffentlichen Diskurs die Tendenz erkennbar, über ältere Menschen zu sprechen, aber eben nicht mit diesen. Über ältere Menschen, aber nicht mit diesen zu sprechen, legt die Annahme nahe, dass diese nicht als aktiver, mitverantwortlich handelnder Teil der Gesellschaft wahrgenommen, ja, dass diese in ihren Potenzialen nicht wirklich ernst genommen werden. In einer altersfreundlichen Kultur kommen ältere Frauen und Männer in gleicher Weise zu Wort, wird ihnen in gleicher Weise Respekt entgegengebracht wie jüngeren Menschen. Eine altersfreundliche Kultur verallgemeinert nicht über die Gruppe der älteren Menschen, sondern achtet die Einzigartigkeit des Seins älterer Frauen und Männer – und dies gilt auch für jene Frauen und Männer, die an einer Demenz erkrankt sind.

2. Mit dem erstgenannten Merkmal einer altersfreundlichen Kultur verwandt, doch einen etwas anderen Akzent setzend, ist die intergenerationelle Perspektive, die das zweite Merkmal einer altersfreundlichen Kultur bildet: Das Alter wird in eine Intergenerationenperspektive integriert, wobei ausdrücklich festzustellen ist – empirische Befunde stützen diese Aussage –, dass zwischen den Generationen ein reger Austausch von Anregungen, von Wissen, von Erfahrungen, von Hilfeleistungen, von Sympathiebekundungen besteht. Dieses Eingebundensein in eine Generationenfolge bildet für ältere Menschen noch mehr als für Jüngere eine bedeutende Ausdrucksform

von Teilhabe – dies gilt auch für jene Frauen und Männer, die an einer Demenz erkrankt sind.

3. Eine altersfreundliche Kultur artikuliert das vitale Interesse an den Potenzialen im Alter (die von Person zu Person sehr verschieden ausfallen können) und schafft Rahmenbedingungen, die sich förderlich auf die Verwirklichung von Potenzialen auswirken. Zu diesen zählt die Schaffung von Gelegenheitsstrukturen, wie z. B. Bürgerzentren und sorgenden Gemeinschaften, in denen sich die Generationen begegnen, gegenseitig befruchten und unterstützen: ein bedeutender Anreiz zur Verwirklichung von Potenzialen im Alter.

4. Eine altersfreundliche Kultur begegnet älteren Frauen und Männern, bei denen die Verletzlichkeit deutlich zum Ausdruck kommt, mit Respekt und Sensibilität. Sie schafft sozialräumliche Kontexte, die Selbstständigkeit und Selbstverantwortung fördern und die Teilhabe sichern: Zu nennen sind Begegnungsmöglichkeiten im Wohnquartier, differenzierte, zielgruppenspezifische Dienstleistungssysteme sowie barrierefreie Umwelten, die sich positiv auf die Erhaltung oder Wiedererlangung von Selbstständigkeit und Mobilität auswirken.

5. Auch im Falle schwerer körperlicher und kognitiver Verluste eines älteren Menschen achtet eine altersfreundliche Kultur dessen Einzigartigkeit, bringt sie ihren Respekt vor dessen Menschenwürde zum Ausdruck, vermeidet sie es, die Lebensqualität dieses Menschen von außen bestimmen zu wollen, spricht sie diesem nicht das grundlegende Recht auf Teilhabe wie auch auf eine fachlich und ethisch fundierte medizinisch-pflegerische Betreuung ab. Eine „Graduierung" der Menschenwürde wird genauso vermieden wie eine altersbestimmte „Abstufung" des Umfanges und der Qualität medizinisch-pflegerischer Leistungen: Entscheidend für diese Leistungen ist allein die fachlich begründete Indikation, jedoch nicht das Lebensalter.

6. Eine altersfreundliche Kultur ist vom Bemühen bestimmt, soziale Ungleichheit innerhalb der Gruppe älterer Menschen abzubauen und dabei sicherzustellen, dass jeder Mensch – unabhängig von Bildung, Einkommen, Sozialschicht – die sozialen und medizinisch-pflegerischen Leistungen erhält, die sich in seiner konkreten Lebenssituation als notwendig erweisen.

7. Eine altersfreundliche Kultur leugnet nicht die Rechte, Ansprüche und Bedürfnisse jüngerer Menschen, sondern ist vielmehr von dem Bemühen bestimmt, die Rechte, Ansprüche und Bedürfnisse aller Generationen zu erkennen und anzuerkennen, wobei keine Generation bevorzugt oder benachteiligt wird. Dies ist auch bei Überlegungen zur Ausgestaltung der sozialen Sicherungssysteme ausdrücklich zu bedenken.

werkzeuge
der erinnerung

Das aus einer Reihe von Einzelteilen bestehende Werkzeug „Nuts on Circles" nimmt biografische Bezüge – hier die eines technisch versierten Biobauern – von Menschen mit Demenz auf. Als Prototyp entwickelte die Designerin Annina Gähwiler 2013 eine Messingachse mit Gewinde, auf der abstrahierte Versatzstücke, z. B. an Schrauben und Muttern erinnernde Formen angebracht werden. Leuchtende Farben, in ihrer Haptik und ihren kontrastierenden Materialien (Holz, Metall, Kunstharz/Silikon, Fell, Kuhhorn und Filz) sowie grafische Zeichen sprechen vor allem die Sinne der Nutzer an. Zudem lädt das Werkzeug zum Bewegen und Drehen der Elemente ein und reagiert mit Klickgeräuschen. Dadurch wird das prozedurale Gedächtnis angeregt, d. h. das Wissen über die Ausführung einer vertrauten Tätigkeit soll aufgerufen werden.

demenz – formen, forschung, prognosen

Bente Heinig, Markus Zens
und Elisabeth Steinhagen-Thiessen

Bei der Demenzerkrankung handelt es sich um den erworbenen Verlust von geistigen Fähigkeiten, der letztlich auch zum Verlust von Alltagskompetenz führt. Nichtkognitive Störungen in Form von Apathie, Depression, Aggression, Schlafstörungen und wahnhaftes Erleben können hinzutreten und stellen für Patienten sowie für deren Angehörige eine erhebliche Belastung dar.

Formen der Demenz

Wenn von Demenz die Rede ist und damit keine spezielle Form dieser Krankheit gemeint ist, sollte man unbedingt bei diesem Terminus als Oberbegriff bleiben. Tatsächlich wird der Begriff „Alzheimer-Erkrankung" fälschlicherweise oft synonym für alle Formen der Demenz benutzt. Die am häufigsten vorkommenden Demenzformen sind:

1. Alzheimer-Demenz
2. Vaskuläre Demenz
3. Mischform (Alzheimer-Demenz und vaskuläre Demenz)
4. Alzheimer-Demenz und Morbus Parkinson
5. Lewy-Körperchen-Demenz
6. Frontotemporale Demenz
7. Morbus Parkinson
8. Creutzfeldt-Jakob-Erkrankung
9. Sonstige

Da es noch keinen sicheren biochemischen Marker für die Erkrankung gibt, kann die heute vorhandene Diagnostik lediglich Hinweise liefern. Auch sind die Übergänge zwischen dem normalen Alterungsprozess und der „Vorstufe" einer Demenz, der leichten kognitiven Beeinträchtigung, sowie einer beginnenden Demenz fließend. Die wichtigsten Demenzformen sind nachfolgend beschrieben:

Alzheimer-Demenz

Die Alzheimer-Demenz ist die häufigste Demenzerkrankung. Sie wird hervorgerufen durch einen Synapsen- und Nervenzellverlust vor allem in Hippocampus und Großhirnrinde, dessen Ursachen noch nicht vollständig geklärt sind. Es gibt jedoch verschiedene „Risikogene", d. h. Genvarianten, die mit einem erhöhten Erkrankungsrisiko verbunden sind – dazu gehört beispielsweise das Gen für Apolipoprotein E 4. Im Mittel beginnen die Symptome um das 65. Lebensjahr.

Vaskuläre Demenz

Dieser Typ der Demenz ist auf eine Durchblutungsstörung des Gehirnes durch Gefäßschädigungen zurückzuführen. Ein wichtiger Risikofaktor für vaskuläre Demenzen ist der Bluthochdruck im mittleren Lebensalter, weitere Ursachen sind daneben Diabetes mellitus, Fettstoffwechselstörungen und Rauchen.

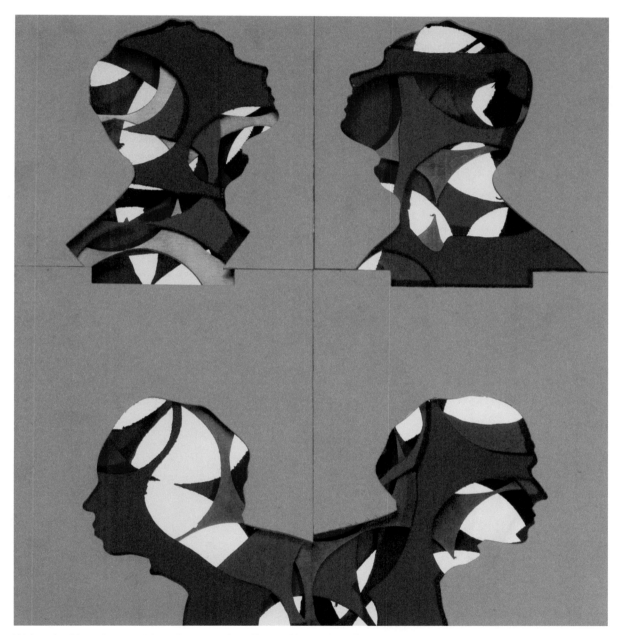

Welten für Menschen in all ihrer Einzigartigkeit. Tamara Kvesitadze: „Relationship", Kunstbiennale Venedig (Italien), 2011

Sich bewegende, fluoreszierende elastische Bänder in einem dunklen Raum erzeugen Desorientierung. Gianni Colombo: „Spazio elastico", 1967

Lewy-Körperchen-Demenz

Die Lewy-Körperchen-Demenz tritt sowohl als eigenständige Erkrankung (primär) als auch sekundär im Rahmen der Parkinson-Erkrankung auf. Kennzeichnend sind Schwankungen der kognitiven Funktionen, visuelle Halluzinationen sowie unwillkürliche motorische Störungen.

Frontotemporale Demenz

Wie der Name schon sagt, spielt sich diese Form der Demenz im temporalen Frontallappen und im präfrontalen Kortex des Gehirnes ab. Viele der Patienten werden auffällig durch langsam voranschreitende Sprachstörungen. Hinzu kommen Störungen des Begreifens und Benennens, eventuell auch ein verändertes Sozialverhalten und Enthemmung.

Forschung und Therapie

In den letzten Jahrzehnten waren die verschiedenen Demenzformen Gegenstand intensiver Forschung, und doch sind die Ursachen noch längst nicht vollständig geklärt. So zeigte die sogenannte Nonnenstudie bereits 1998, dass auch Frauen, deren Gehirne große Mengen der mit der Alzheimer-Demenz verbundenen Beta-Amyloid-Plaques aufwiesen, trotzdem noch erstaunlich anspruchsvolle Tätigkeiten verrichten konnten.

Diese Erkenntnis hat auch Konsequenzen für die Forschung nach geeigneten Therapien. Wenn die Amyloid-Plaques als ausschlaggebender Faktor für die kognitiven Einschränkungen mehr und mehr in den Hintergrund rücken, so kann deren gezielter Abbau nicht alleiniges Therapieziel sein. Bei der Therapie der Demenz ist die Einordnung der vorliegenden kognitiven Funktionseinschränkung zu einer bestimmten Demenzform unerlässlich, wobei diese, wie oben bereits beschrieben, oft nicht zweifelsfrei möglich ist.

Zunächst müssen reversible Ursachen (z. B. Vitamin-B12-Mangel, Über- bzw. Unterfunktion der Schilddrüse) ausgeschlossen oder behandelt werden. Gefäßschädigende Risikofaktoren sollten durch Änderungen des Lebensstiles (Sport, Gewichtsreduktion, Nikotinverzicht) und gegebenenfalls durch medikamentöse Therapien (blutdrucksenkende Mittel, Lipidsenker) minimiert werden. Depressionen können eine demenzielle Entwicklung „vortäuschen", deshalb ist eine gründliche Diagnostik wichtig.

Es gibt mehrere Ansätze für die Therapie mit Medikamenten, doch grundsätzlich sind die vorliegenden Ergebnisse bislang vergleichsweise enttäuschend, eine kausale Therapie gibt es bis heute nicht. Antidementiva (z. B. Acetylcholinesteraseinhibitoren) mildern lediglich den Verlauf der Symptomatik; die Degeneration der betroffenen Hirnstrukturen können sie weder verhindern noch bremsen. Eine amerikanische Studie zeigte jedoch, dass mit dem Acetylcholinesterasehemmer Donepezil eine Heimeinweisung um durchsnittlich 21,4 Monate verzögert werden kann. Frei verkäufliche Ginkgo-Präparate zur Prävention und Behandlung der Alzheimer-Demenz erfreuen sich nach wie vor großer Beliebtheit, obwohl ihre Wirksamkeit in Studien bislang nicht belegt werden konnte.

Prognosen und Ausblick

Die nachfolgende Tabelle gibt einen Überblick über die Häufigkeit von Demenzerkrankungen in verschiedenen Populationen im Jahr 2010.

	Demenzerkrankte im Jahr 2010
weltweit	35,6 Mio. (Demenzerkrankungen gesamt)
Deutschland	1,4 Mio. (Demenzerkrankungen gesamt)
USA	4,7 Mio. (nur Alzheimer-Demenz)

Quelle: Eigene Darstellung, mit Daten des Deutschen Zentrums für Altersfragen, der WHO und Hebert et al.

Eine aktuelle amerikanische Studie geht für das Jahr 2050 von 13,8 Millionen an Alzheimer erkrankten Personen in den USA aus, falls keine Präventivmaßnahmen entwickelt werden. Zurzeit allerdings ist festzuhalten, dass trotz intensiver Forschung noch nicht kausal therapiert werden kann. Es stehen jedoch Medikamente zur Verfügung, die das Stadium der verlorenen Alltagskompetenz hinauszögern können. Daneben benötigen Patienten mit einer Alzheimer-Demenz eine nichtmedikamentöse Therapie in Form von Maßnahmen, noch vorhandene Informationen abzurufen, die körperlichen Ressourcen so lange wie möglich zu erhalten und unter Umständen eine psychotherapeutische Begleitung anzubieten. Es sollte eine Umgebung geschaffen werden, die die Orientierung erleichtert, und es sollte für feste, in der Betreuung von Demenzerkrankten geschulte Bezugspersonen gesorgt werden. Auch gilt es, die durch die Demenzerkrankung oft stark belasteten Angehörigen adäquat in die Betreuung einzubinden und in verstärktem Maß Unterstützung anzubieten.

demenz
zieht kreise

Interdependenzen zwischen Familie und Pflegeservice, Betreuern und Bewohnern

Michael Schmieder

„Mutti muss ins Heim." Die Tochter verkündet diese Botschaft in der Familie, als sie vom Besuch im Krankenhaus zurückkommt. Nun sind alle betroffen, der Ehemann der Erkrankten, die beiden Töchter, der Sohn, jeder auf seine Art. Die Tochter hat die Mutter viele Jahre liebevoll – manchmal etwas ungeduldig halt – betreut und gepflegt. Parallel dazu entwickelte sich in der eigenen Ehe, bedingt durch die Demenz der Mutter, ebenfalls eine gewisse Sprachlosigkeit. Auch die Kinder kommen inzwischen seltener nach Hause, sie halten es mit der Demenz ihrer Großmutter nicht aus, doch das Ende der Krankenpflege zu Hause zeichnet sich nun ab. Und der Großvater, auch nicht mehr ganz recht im Kopf, wie geht es mit ihm weiter, wenn Mutti im Heim ist? Und überhaupt: Wer soll das alles bezahlen? Der Sohn etwa, der weit weg lebend ein eigenes Geschäft betreibt? Er kann das Dahinschwinden nicht ertragen, hat Angst, will sich dann lieber „die Kugel geben", wenn es so weit wäre. Das erste Geld für sein Unternehmen haben ihm damals die Eltern gegeben, so heimlich, dass es doch alle wissen. Und Geld muss jetzt wieder her, Heime sind teuer. Die andere Tochter lebt ihren grünen Traum, Albtraum nennen es andere, auf dem Land, nur mit dem Nötigsten ausgestattet, und findet das alles cool: „Nur keinen Stress machen, bitte!"

Eine demenzielle Erkrankung trifft immer ein ganzes System. Krank ist nur eine Person, betroffen sind viele. Beispielhaft aufgezeigt, stellen sich dabei Fragen, nicht selten existenzbedrohende, die weitreichende Konsequenzen haben. Wie geht es weiter, sowohl zu Hause als auch im Heim? Kann das Heim das Gewünschte leisten, und wer bezahlt?

Begonnen haben die merklichen Veränderungen ja schon vor einigen Jahren, aber die Umgebung wächst mit der Abnahme der Hirnleistung der einen Person mit. Denn auch heute sind die familiären Systeme meist noch sehr tragfähig. Dass direkte Hilfe dabei mitunter verhindert wird, liegt an der viel gepriesenen Mobilität. An die Stelle der Verwandten treten dann die immer zahlreicher werdenden ambulanten Pflegedienste. Sie ersetzen Familie und haben ein handfestes Interesse daran, dass es möglichst lange zu Hause „gut geht". Es kann allerdings auch „gut geredet" werden. Nachbarschaftliches Engagement kann Alltag schaffen, kann Struktur geben, Hilfe sein, kann aber auch überfordern. „Wir machen ein bisschen Gedächtnistraining" konfrontiert den Menschen unter Umständen zu sehr mit all dem, was er nicht mehr kann. Dann helfen Tagesstätten, Teenachmittage, Spielen und Singen, Hauptsache aktiv ins demenzielle Verderben; „wir begleiten singend" scheint das Motto zu lauten.

Ambulant vor stationär wertet das Zu-Hause-Sein höher als das Heim. Egal, wie gut oder nicht gut die Arbeit gemacht wird,

Sogenannte „herausfordernde" Verhaltensweisen von Menschen mit Demenz verlangen Pflegenden ein Höchstmaß an Geduld und Professionalität ab.

unabhängig davon, wie viel Inkompetenz und Lieblosigkeit mit der Pflegekraft durch die Tür kommt, niemand kann es sehen oder wissen. Und niemand kann sich wehren, denn „was Oma da erzählt", kann man sich bei Schwester Inge nicht vorstellen.

Das „Sich-sorgen-um", es braucht Menschen, es braucht die soziale Einsicht, dass wir als Gemeinschaft funktionieren, dass die häusliche Umgebung mehr und mehr ausgedehnt werden muss, bis in das Quartier oder den Stadtteil hinein. Aus dieser Einsicht sind dann räumliche Konzepte zu entwickeln, die mehr sein sollten als ein Quartierstreffpunkt im „Haus der gelebten Solidarität" oder wie sie alle heißen mögen.

Jetzt bleibt also nur noch das Heim! „Wir haben versagt und bringen Mutti nun genau dahin, wo sie nie hin wollte." Durch den Eintritt ins Heim verlässt der Kranke ein soziales Netzwerk und begibt sich in ein neues. Nicht ganz einfach für die Beteiligten. Jahrelang galt das Heim als das Letzte – ambulant vor stationär – und jetzt also doch. Was sind das für Menschen, die dort arbeiten, und warum tun sie dies, wo das Heim doch ganz am Ende der Hierarchie der Pflegeeinrichtungen steht? Dauernd spüren zu müssen, dass das, was man tut, nur sehr wenig gesellschaftliche Anerkennung findet, dass man auf Einlagen wechseln und Patienten säubern reduziert wird, dass man schuftet, aber das Pensum einfach nicht schaffen

kann, das wiederum betrifft ebenfalls ein ganzes System, das der Pflege. Und gefällt es dem an Demenz Erkrankten dann vielleicht sogar, im Heim mit anderen zusammen zu sein, nicht dauernd konfrontiert zu sein mit allem, was nicht mehr geht, dann zeigt sich die negative Haltung dazu in der Feststellung, alles für diesen Menschen gemacht zu haben, dem es im Heim nun doch besser als zu Hause gefällt.

Umgebung ist wichtig, Beziehung entscheidend, beides bildet die Basis für alle Konzepte, die wir entwickeln, ob ambulant oder stationär. Dass der Architektur dabei eine zentrale Rolle zukommen kann, liegt auf der Hand, denn Umgebung ist gestaltbar. Damit soziales Leben möglich ist, muss die Umgebung vorgedacht bzw. geplant werden: Was soll in einem Heim stattfinden, was soll möglich sein, und was darf nicht passieren, wer soll wie angesprochen werden? Wohnanpassungen zu Hause haben damit nur wenig zu tun. Dort geht es vorrangig darum, „die Umgebung pflegefähig" zu machen. In den Quartieren hat Architektur städtebauliche Entwicklung für Menschen zu fördern, nicht für Demente. „Design für Menschen mit Demenz ist Design für alle Menschen", sagt die amerikanische Gerontologin Julie Bessant Pelech und beschreibt damit eine Architekturauffassung, die sich am Menschen orientiert, die Bezüge herstellt, damit Beziehungen einfacher möglich sein können. Darüber hinaus fordert Pelech die Architekten

Oftmals befreit das Leben im Heim von quälender Konfrontation mit den abnehmenden kognitiven Fähigkeiten. Gustav U., Fotoserie „Später Besuch", 2008

Als eine Assoziation zur „guten Stube" zu Hause gestaltet, erleichtern Heime den Aufenthalt sowie die Weiterführung sozialer Beziehungen.

dazu auf, sich einzubringen und dafür Sorge zu tragen, dass alle Beteiligten an den jeweiligen Prozessen alles dafür tun, eine Umgebung zu schaffen, die auch funktioniert, und darauf zu achten, dass nicht einfach nur Systeme verkauft werden. Vielmehr bedarf es einer ästhetischen Grundhaltung, die genug Raum gibt zum Sein, zum Wandern, zum Keine-Grenzen-Spüren. Wird dieser Raum mit mehr als nur dem Notwendigsten gestaltet, eröffnet sich dem Nutzer eine Architektur, die den Menschen direkt anspricht.

Drinnen – Zwischen – Draußen

Diese drei Zonen gilt es miteinander in Verbindung zu bringen und die Möglichkeit zu schaffen, sich so einfach wie möglich darin und dazwischen zu bewegen. Das Drinnen stellt viel gemeinsamen Raum zur Verfügung, denn Menschen im fortgeschrittenen Stadium der Erkrankung bewegen sich in der Regel im öffentlichen Raum, nicht im privaten. Für sie ist es wichtig, Gemeinschaft leben und einfach „zufällig" Kontakt haben zu können. Dazu gehören Zonen, die konfliktfreies Bewegen ermöglichen, zum Sitzen einladen, An- und Entspannendes gleichermaßen anbieten, Kommunikation sowohl verbal als auch nonverbal ermöglichen, Sinneswahrnehmungen fördern und Reize auslösen, die positiv besetzt sind.

Der Architektur eröffnet dies ungeahnte Möglichkeiten, wobei betont werden muss, dass es nicht um sogenannte Sonderbauformen für Demenzkranke geht, sondern um das Bauen für Menschen. Schließlich ist der Wunsch nach ästhetischen Räumen nicht abhängig von Diagnosen. Selbstverständlich sind einige spezifische Details zu beachten, wie die Eindeutigkeit der Räume oder die besondere Gestaltung der Badezimmer. Die Lichtgestaltung hingegen orientiert sich am Lichtbedarf von Menschen im Alter und nicht an der Demenzdiagnose. Die Zwischenräume, wie überdachte Terrassen, Wintergärten, verglaste Innenhöfe, sowie andere wind- und wettergeschützte Bereiche erhalten heute einen hohen Stellenwert, verlängern sie doch die Zeit, in der ein Mensch nicht drinnen sein muss. Zeit, in der sich sein erfahr- und begehbarer Lebensraum gleichsam erweitert.

Der Außenraum soll Bewegung fördern und Raum geben zum Verweilen, zum Sinnieren, zum Erleben des „Draußen". Auch hier geht man von dem aus, was allgemein an Außenräumen geschätzt wird. Jeder Garten soll ein Sinnesgarten sein, und es sollen Blumen blühen und Bäume wachsen, der Mensch soll sich selbst als Teil der Natur verstehen.

Menschen mit Demenz verlieren zunehmend kognitive Fähigkeiten, und es sollte die Frage erlaubt sein, warum wir so engagiert versuchen, diese Fähigkeiten zu erhalten. Sollten wir unsere Kräfte nicht eher dazu nutzen, die Umgebung so zu gestalten, dass der Verlust dieser Fähigkeiten nicht als solcher wahrgenommen werden muss, sondern als ein Abschied, der Neues ermöglicht? Je weniger Kognition zur Bewältigung des Alltages notwendig ist, umso leichter ist ein alltagstaugliches und damit entspanntes Leben möglich. So hart diese Aussage erscheinen mag, so eindeutig zeigt sich, dass der Wunsch danach, die kognitiven Fähigkeiten zu erhalten, viel unnötigen Stress auslöst, bei den Gesunden, vor allem aber bei den Erkrankten selbst. Im Kranken stets den Menschen zu sehen und alles zu tun, damit „Menschenleben" möglich ist, das ist die Aufgabe, auch die Aufgabe der Architektur. Ihr kommt die Rolle zu, mittels Gestaltung sozusagen die große Klammer zu bilden, in der Beziehungen und soziales Leben einfacher werden, die als Verbindung zwischen drinnen und draußen wirken kann. Das Heim wird dabei als die Fortsetzung der guten Stube zu Hause aufgefasst, sodass der Austausch mit Angehörigen und Freunden unter gewohnten Bedingungen stattfinden kann. Nicht zuletzt trägt eine angenehme, ästhetische Gestaltung auch bei den Pflegenden dazu bei, sich als Teil einer Umgebung wahrzunehmen, in der sie sich wertgeschätzt fühlen können.

alzheimer – schicksal oder herausforderung?

Wolf D. Oswald und Monika Wachter

Nach heutigem Erkenntnisstand gilt es als sicher bzw. als vorherbestimmt, dass in Zukunft eine große Zahl von Menschen im fortgeschrittenen Alter an Alzheimer erkranken wird. Doch ist diese Krankheit wirklich unser Schicksal und damit unausweichlich und unaufhaltsam? Zugleich wird Alzheimer als die größte Herausforderung unserer Gesellschaft betrachtet. Warum? Dies hat vielschichtige Gründe:

Aufgrund der steigenden Lebenserwartung in Deutschland ist mit einer steten Zunahme von Demenzfällen zu rechnen. In einer Retrospektivstudie an Gestorbenen wurde bei den 85-Jährigen bereits eine Erkrankungsrate von bis zu 50 % diagnostiziert[1] (siehe Abb. 1).

Es ist anzunehmen, dass bei mehr als 90 % aller Demenzerkrankungen von Alzheimer ausgegangen werden muss, selbst wenn die Krankheit bei etwa 30 % durch Gefäßveränderungen in Form einer vaskulären bzw. einer Multiinfarkt-Demenz überlagert wird. Alzheimer bedeutet aber immer Verlust an Selbstständigkeit und Alltagskompetenz und damit Eintritt in die Pflegebedürftigkeit. Eine kanadische Studie[2] aus dem Jahre 2003 und eine neuere deutsche Studie[3] belegen eindrucksvoll, dass Alzheimer, Schlaganfall und Inkontinenz zu den wichtigsten Erkrankungen zählen, die zu Pflegebedürftigkeit führen. Die Alzheimer-Demenz steht hier an erster Stelle (siehe Abb. 2).

Gleichzeitig wird es in Zukunft nur noch Wenige geben, die uns pflegen können. Kamen im Jahre 1871 auf einen über 75-Jährigen noch 95 jüngere Menschen und damit potenzielle Pflegekräfte, waren es im Jahr 2008 nur noch 10,6 jüngere. Bis zum Jahr 2050 soll diese Relation laut Schätzungen bis auf 3,9 jüngere absinken.[4] Damit ist unser derzeitiges Versorgungssystem älterer Menschen schon allein aus personellen Gründen extrem herausgefordert bzw. infrage gestellt (siehe Abb. 3).

Angesichts einer solchen Entwicklung stellt sich unserer Gesellschaft die dringende Frage, ob durch geeignete Präventionsmaßnahmen Prozesse unterstützt werden können, in deren Folge sich die Hirnleistungsfähigkeit und damit verbunden die Selbstständigkeit und Alltagskompetenz steigern lassen und Alzheimer hinausgezögert oder bei

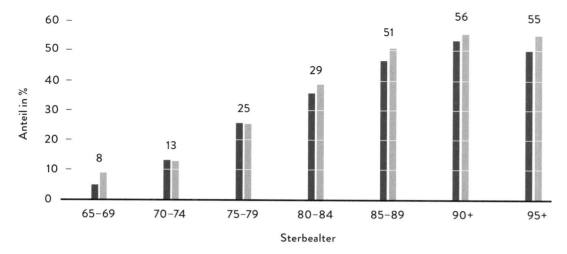

Abb. 1: Ergebnisse einer Retro-spektivstudie an Verstorbenen. Anteile der im letzten Lebensab-schnitt an einer Demenz leidenden Menschen nach dem Sterbealter

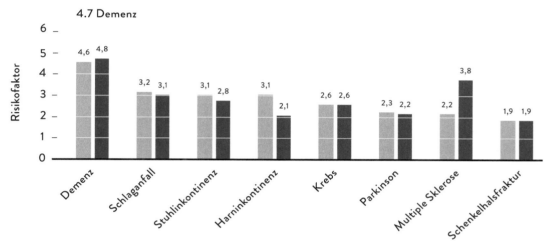

Abb. 2: Wer wird zum Pflegefall? Krankheiten und ihr relatives Risiko für Pflegebedürftigkeit

Männer Frauen

einer durchschnittlichen Lebenserwartung sogar vermieden werden kann.

Mehrere Studien bestätigen einen deutlichen Zusammen-hang zwischen der Häufigkeit einer demenziellen Erkrankung und dem früheren Bildungsniveau des jeweiligen Menschen sowie dem Ausmaß intellektueller und körperlicher Aktivi-täten.[5, 6, 7] Als ein möglicher Grund dafür wird eine größere kognitive Reservekapazität bei jenen Menschen vermutet, die in ihren früheren Lebensabschnitten kognitiv stärker gefördert wurden.[8] Allgemein zeigte sich in mehreren gro-ßen epidemiologischen Studien der letzten Jahre,[9, 10] dass regelmäßige kognitive und körperliche Aktivitäten im Alltag Alzheimer – und damit einhergehend Pflegebedürftigkeit – um Jahre verzögern können.[11]

Ergebnisse aus der Studie „Bedingungen der Erhaltung und Förderung von Selbstständigkeit im höheren Lebensalter" (SimA) der Universität Erlangen-Nürnberg zeigen, dass sich vor allem ein spezifisches, kombiniertes Gedächtnis- und Psychomotoriktraining in einer Stichprobe ursprüng-

lich gesunder und selbstständiger Menschen ab 75 Jahren langfristig positiv auf den Erhalt der geistigen Leistungs-fähigkeit und der Alltagskompetenz auswirkte.[12] Auch zeigte sich noch 14 Jahre nach Beginn des Experimentes, dass in der Kombinationstrainingsgruppe signifikant weniger Demenzen beobachtet werden konnten als in allen anderen Behand-lungsgruppen bzw. in der Kontrollgruppe. Die Erkrankungs-rate von lediglich 10 % ist umso erstaunlicher, als die jüngsten Teilnehmer zu diesem Zeitpunkt bereits 89 Jahre alt waren (siehe Abb. 4).

Parallel hierzu wurden in der untersuchten Stichprobe Defizite in den kognitiven Leistungen sowie kognitive und körperliche Inaktivität als bedeutende Risikofaktoren einer späteren demenziellen Erkrankung dokumentiert.[13] All diese Resultate bestätigen, dass auch im hohen Alter kognitive und körperliche Aktivitäten eine große Bedeutung für die Ver-zögerung einer demenziellen Erkrankung haben und dass spezifische Präventionsprogramme, die zu entsprechenden Tätigkeiten anregen, einem vorzeitigen Verlust der Selbst-ständigkeit und Kompetenz als Folge einer demenziellen

Erkrankung entgegenwirken können. Vertiefende Angaben zur SimA-Studie und zu den Trainingsmaßnahmen, verbunden mit einem 14-Tage-Trainingsprogramm, sind sowohl in *SimA®-basic – Gedächtnistraining und Psychomotorik*[14] als auch auf der Internetseite www.wdoswald.de beschrieben (siehe Abb. 5).

Ein exemplarisches Beispiel aus dem SimA-Gedächtnistraining ist die Farb-Wort-Übung. Die Aufgabe besteht darin, die Farben der Wörter so rasch wie möglich zu benennen. Die dafür benötigte Zeit gibt das Maß der aktuellen Konzentrationsfähigkeit an (siehe Abb. 6).

Beispielhaft für das SimA-Psychomotoriktraining sind Übungen mit dem Luftballon: Hier soll der Ballon mit der rechten Handfläche auf die linke Handfläche und wieder zurück gestupst werden. Schwieriger wird die Übung, indem der Luftballon abwechselnd mit den Fingern gestupst wird und die Finger dabei gegengleich gewechselt werden.

Eine anschließende Studie im Kontext von Pflegeheimen (SimA-P) konnte mit einem speziell für die Bewohner konzipierten Aktivierungsprogramm selbst bei bereits an Demenz erkrankten Menschen eine deutliche Verlangsamung der Krankheitsverläufe sowie eine Halbierung sogenannter multipler Stürze nachweisen. In der Folge kam es in den beteiligten Heimen zu einer hochsignifikanten Entlastung des Pflegepersonals um 30 % sowie zu einer deutlichen Reduktion der Personalfluktuation um 14 %; erfasst über die Beschäftigtendaten und den Personal-Krankenstand[15] (siehe Abb. 7).

Die Verlangsamung des Krankheitsverlaufes übertraf dabei, in Effektstärken gemessen, alle im Bereich Demenz auf dem Markt befindlichen Arzneimittel (Antidementiva) erheblich. Dies führt natürlich zu der Frage, warum in Deutschland hohe Geldsummen von der Solidargemeinschaft der Krankenversicherten für Arzneimittel mit geringem Nutzen und deutlichen Nebenwirkungen ausgegeben werden, wenn dem Patienten durch nichtpharmakologische Aktivierungsmaßnahmen zu

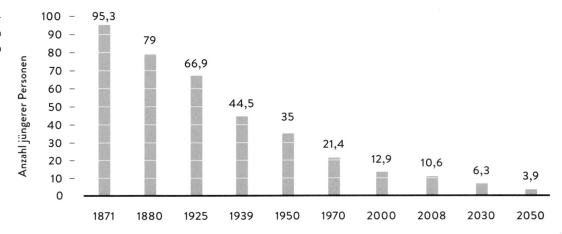

Abb. 3: Zahl der jüngeren Personen in Deutschland, die auf einen 75-Jährigen oder Älteren kommen

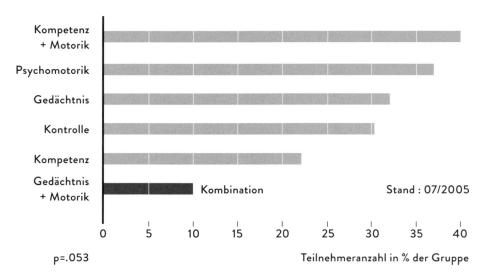

Abb. 4: Verteilung der 90 Teilnehmer mit Demenz auf die Trainingsgruppen

p=.053

Teilnehmeranzahl in % der Gruppe

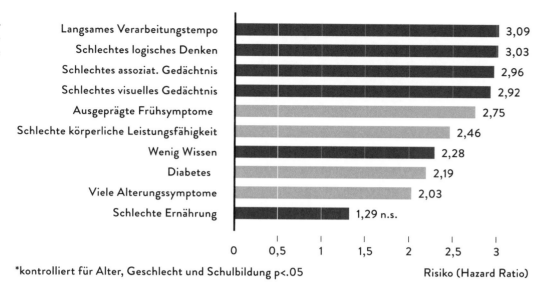

Abb. 5: Risikofaktoren für Demenz. Ergebnisse der Cox-Regressionsanalysen*; Ausgangswerte von N = 340 SimA-Teilnehmern

	Risiko (Hazard Ratio)
Langsames Verarbeitungstempo	3,09
Schlechtes logisches Denken	3,03
Schlechtes assoziat. Gedächtnis	2,96
Schlechtes visuelles Gedächtnis	2,92
Ausgeprägte Frühsymptome	2,75
Schlechte körperliche Leistungsfähigkeit	2,46
Wenig Wissen	2,28
Diabetes	2,19
Viele Alterungssymptome	2,03
Schlechte Ernährung	1,29 n.s.

*kontrolliert für Alter, Geschlecht und Schulbildung p<.05

Abb. 6: Beispiel aus dem SimA-Gedächtnistraining: die Farb-Wort-Übung

red	green	yellow	blue	yellow	green
blue	red	yellow	green	blue	red
green	blue	red	green	red	blue
yellow	red	blue	red	green	yellow
red	yellow	blue	green	blue	green
yellow	blue	green	blue	green	yellow
green	yellow	blue	yellow	green	red

einer vielfach besseren Lebensqualität und einer längeren Stabilisierung des Alltagsverhaltens verholfen werden könnte. Solche Maßnahmen werden derzeit jedoch über die Pflegeversicherung nicht oder nur unzureichend finanziert, obwohl der Nutzen nichtpharmakologischer Aktivierungsmaßnahmen vielfach, auch international, bestätigt werden konnte.[16]

Doch leider verfügen Alzheimerpatienten und deren Angehörige, aber auch das Altenpflegepersonal offensichtlich über eine weniger effiziente Lobby als andere Interessengruppen unserer Gesellschaft.

Anzumerken ist außerdem, dass eine das Demenzrisiko senkende Wirkung derzeit weder von einer Ernährungsumstellung noch von Nahrungsergänzungsmitteln grundsätzlich bestätigt werden kann. Dies gilt auch für eine erhöhte Vitamin-D-Zufuhr, denn nur ca. 10 % des Vitamin-D-Bedarfes können durch die Nahrung zugeführt werden, da Vitamin D im Körper hauptsächlich durch Sonnenlicht gebildet wird.

Anderweitige Behauptungen z. B. im Internet werden sämtlich von Vereinen und Firmen gefördert, die den Nahrungsergänzungsmittel-Produzenten nahestehen. Ein erhöhtes Alzheimerrisiko besteht jedoch für Menschen mit einem massiv erhöhten Body-Mass-Index (BMI) über 30, berechnet aus Körpergewicht und Größe einer Person (kg/m^2), und/oder einem schlecht eingestellten Diabetes.

In Anbetracht des zu erwartenden dramatischen Pflegenotstandes verwundert es, dass in Deutschland Präventionsmaßnahmen fast ausschließlich auf die klassischen Krankheiten wie Diabetes, Hypercholesterinämie und Herz-Kreislauf-Erkrankungen beschränkt bleiben, während die Pflegeursache Nummer eins, Alzheimer, unberücksichtigt bleibt. Andere Länder, wie z. B. Österreich, haben hier mit zum Teil flächendeckenden Präventionsmaßnahmen Vorbildcharakter.

Ein weiterer Aspekt soll kurz beleuchtet werden: Man sollte nie von leichten Gedächtnisstörungen bei sich oder anderen voreilig auf eine Demenzerkrankung schließen. Erst eine fachkundige Beratung – wie z. B. im Rahmen einer „Gedächtnissprechstunde" – verbunden mit differenzialdiagnostischen Untersuchungen kann darüber Gewissheit verschaffen. Die Erfahrung lehrt, dass 10 bis 30 % der beobachteten Demenzsymptome behandelbar und somit heilbar sind. Wenn sich jemand ganz besonders nachdrücklich über seine Gedächtnisdefizite äußert, könnte beispielsweise auch eine behandelbare Depression („Pseudodemenz") vorliegen. Aber auch eine Arzneimittelvergiftung (durch zu viele eingenommene Medikamente) oder eine Austrocknung (Exsikkose), weil zu wenig getrunken wurde, könnte ursächlich für eine Demenzsymptomatik sein. Wie eingangs dargestellt, wird es in Zukunft immer weniger jüngere Menschen geben, die die

Pflege Älterer übernehmen können, und das vor dem Hintergrund, dass möglicherweise die Hälfte der Bevölkerung in Europa und den USA an Alzheimer erkranken wird! Will man diesem drohenden Pflegekollaps entgegenwirken, spricht vieles für nichtpharmakologische Aktivierungsmaßnahmen, zumal es durch Arzneimittel zum jetzigen Zeitpunkt noch nicht möglich ist. Gelänge es in Deutschland, beispielsweise mit einem Präventionsprogramm ähnlich SimA, den klinischen Krankheitseintritt Alzheimererkrankter um bis zu fünf Jahre hinauszuzögern, hätte dies zur Folge, dass ein Teil der Hochaltrigen Alzheimer gar nicht mehr bekäme, sondern zuvor an anderen Krankheiten sterben würde. Die Anzahl Demenzkranker in unserer Gesellschaft ließe sich damit mehr oder weniger auf dem Niveau des Jahres 2009 halten (siehe Abb. 8).

Abb. 7: Ergebnisse der Pflegepersonalbefragung nach einem Jahr SimA-P-Aktivierung

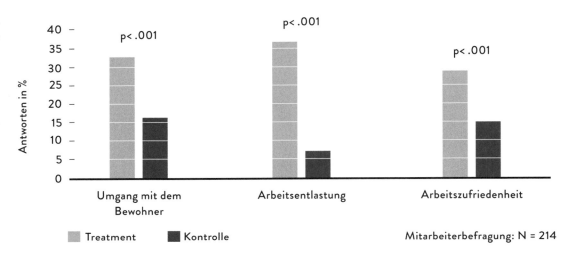

Abb. 8: 50 Mrd. Euro durchschnittliche jährliche Kostenersparnis im Jahr 2060

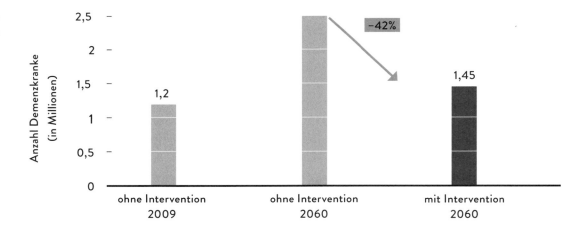

1 H. Bickel: „Demenzsyndrom und Alz-
heimer Krankheit. Eine Schätzung des
Krankenbestandes und der jährlichen
Neuerkrankung in Deutschland", in:
Gesundheitswesen, 62 (2000),
S. 211–218.

2 S. E. Schultz und J. A. Kopec: „Impact
of chronic conditions", in: *Health
Reports*, 14 (2003), 4, S. 41–50.

3 H. Rothgang et al.: BARMER GEK
Pflegereport 2010. *Schwerpunktthema:
Demenz und Pflege. Schriftenreihe
zur Gesundheitsanalyse*. Bd. 5, 2010,
S. 125.

4 Statistisches Bundesamt: 12. koordinierte Bevölkerungsvorausberechnung
(Variante 1-W1) 2009. www.destatis.de
/bevoelkerungspyramide.de/

5 M. L. Daviglus et al.: „Risk Factors and
Preventive Interventions for Alzheimer
Disease", in: *Archives of Neurology*: 68
(2011), 9, S. 1185–1190.

6 C. R. A. Mondadori et al.: „Enhanced
brain activity may precede the diagnosis of Alzheimer's disease by 30 years",
in: *Brain*, 129 (2006), S. 2908–2922.

7 V. N. Pavlik et al.: „Influence of
Premorbid IQ and Education on
Progression of Alzheimer's Disease",
in: *Dementia and Geriatric Cognitive
Disorders*, 22 (2006), S. 367–377.

8 W. Meier-Ruge (Hrsg.): Der ältere
Patient der Allgemeinarztpraxis
2. Aufl. Geriatrie für die tägliche
Praxis, Bd. 1, Basel, 1988.

9 R. S. Wilson et al.: „The relation of
cognitive activity to risk of developing
Alzheimer's disease", in: *Neurology*, 69
(2007), 1, S. 1–10.

10 D. E. Barnes und K. Yaffe: „The pro-
jected effect of risk factor reduction
on Alzheimer's disease prevalence",
in: *Lancet Neurol* 10 (2011), 9,
S. 819–828.

11 J. Verghese et al.: „Leisure Activities
and the Risk of Dementia in the
Elderly", in: *The New England Journal
of Medicine*, 348 (2003),
S. 2508–2516.

12 W. D. Oswald et al.: „Bedingungen der
Erhaltung und Förderung von Selb-
ständigkeit im höheren Lebensalter
(SIMA). Teil XVII: Zusammenfassende
Darstellung der langfristigen Trai-
ningseffekte", in: *Zeitschrift für Gerontopsychologie und -psychiatrie*,
15 (2002), 1, S. 13–31.

13 W. D. Oswald et al.: „Bedingungen der
Erhaltung und Förderung von Selb-
ständigkeit im höheren Lebensalter
(SIMA). Teil XVIII: Unselbständig-
keits-, Demenz- und Mortalitätsrisi-
ken", in: *Zeitschrift für Gerontopsychologie und -psychiatrie*, 15 (2002), 2,
S. 61–84.

14 W. D. Oswald: SimA®- basic-
Gedächtnistraining und Psychomotorik. Geistig und körperlich fit
zwischen 50 und 100, Göttingen
2005.

15 W. D. Oswald, A. Ackermann und
T. Gunzelmann: „Effekte eines multi-
modalen Aktivierungsprogrammes
(SimA-P) für Bewohner von Einrichtungen der stationären Altenhilfe",
in: *Zeitschrift für Gerontopsychologie
und -psychiatrie*, 19 (2006), 2,
S. 89–101.

16 J. Olazarán et al.: „Nonpharmaco-
logical Therapies in Alzheimer's
Disease: A Systematic Review of
Efficacy", in: *Dementia and Geriatric
Cognitive Disorders*, 30 (2010)
S. 161–178.

musik in der alzheimer-therapie

Fragen an Dorothea Muthesius

Über den Zusammenhang zwischen Musik und Gehirn ist viel geforscht worden. Neurologen behaupten gar, dass letztlich das Gehirn die Musik erst macht. Weniger wissenschaftlich ausgedrückt heißt es, dass Musik das Herz erwärmt, also einen direkten Weg zu unseren Emotionen findet.

Frau Dr. Muthesius, welche Überlegungen oder Hoffnungen haben dazu geführt, Musiktherapie bei an Demenz erkrankten Menschen einzusetzen?
D. Muthesius: So herum geht das nicht, dass man sich etwas überlegt … man macht einfach und fragt sich dann: „Warum funktioniert das so gut?" Als ich vor 30 Jahren in der Gerontopsychiatrie anfing, gab es dort bereits einen Chefarzt, der von Musik begeistert war und sehr darauf achtete, dass die Musiktherapeuten des Hauses mit seinen alten Patienten arbeiteten. Da bin ich damals hineingeraten, fand es sogleich faszinierend und erlebe, um es ganz plakativ zu sagen, seit Beginn meiner Arbeit mit Dementen: Wenn ich mit ihnen Musik mache, sind sie nicht krank. Und diese Tatsache, sich normal, kompetent und gesund zu erleben, ist für Menschen mit Demenz interessant – ebenso wie es das für die Betreuer ist.

Wie muss man sich die Inhalte der Therapie vorstellen? Wird gesungen, kommen Rhythmusinstrumente zum Einsatz oder wird einer Musik zugehört?

D. Muthesius: Es kommt darauf an, was der Patient an Lebenserfahrung mitbringt. Bei einer Demenz gehen wir davon aus, dass es wichtiger ist, Bekanntes wieder hervorzuholen, als Neues zu erleben. Somit müssen wir wie ein Detektiv suchen, was das alles gewesen sein könnte im Leben. Wir sind Spezialisten für Musikbiografie, die alles rekonstruieren, und dann probieren wir unsere Rekonstruktionsergebnisse aus – wie jeder gute Mediziner. Wenn wir Reaktionen bemerken, machen wir dort weiter, und wenn nicht, suchen wir nach etwas anderem.

Ist es von Vorteil, wenn der Alzheimerpatient früher ein Instrument erlernt hat?
D. Muthesius: Nein, und bei ehemaligen Profis kann es sogar von Nachteil sein, weil das Frustrationspotenzial zu groß ist. Es überwiegen dann Versagensängste und das Gefühl von Kompetenzverlust.

Wie gehen Sie vor, wenn keine konkreten Wünsche geäußert werden?
D. Muthesius: Ich bin überwiegend in Institutionen, in denen Menschen leben, die gar nicht mehr in der Lage sind, sich sprachlich so zu äußern, dass man daraus Rückschlüsse ziehen könnte. Mit Menschen in einem frühen Stadium der Demenz könnte man natürlich ganz anders arbeiten, aber die melden

Mitsingen, klatschen oder tanzen: Musik weckt Emotionen, die sich positiv auf die Sprachfähigkeit auswirken.

sich in der Regel nicht zur Therapie an, schließlich sind sie noch am Beginn eines langen Prozesses. Bei den Menschen, mit denen ich arbeite, sehe ich es lediglich an den Reaktionen, ob es das Richtige war.

Und wie äußert es sich, wenn Sie ins Schwarze treffen, im Sinne eines „Sie spielen unser Lied"?
D. Muthesius: Es hängt sehr davon ab, in welchem Allgemeinzustand sich der Patient befindet. Doch selbst bei bettlägerigen Patienten, die sich verbal nicht äußern können, lassen sich Entspannung oder Anregung über die Atmung feststellen. Auch über die Mimik kann man einiges erkennen. Und bei vitaleren Menschen kommt es durchaus vor, dass sie mitsingen, klatschen oder auch tanzen. Viele sprechen dann spontan und sagen Sätze wie „Das war aber schön" oder „Du hast genau das Richtige mitgebracht", denn wenn man emotional erfüllt ist, wirkt sich das positiv auf die Sprachfähigkeit aus.

Wie lange hält solch ein Zustand an? Und wie lassen sich die Ergebnisse beschreiben oder gar evaluieren?
D. Muthesius: In der Tat gibt es eine wissenschaftliche Studie, die das untersucht hat. Dabei zeigte die Musiktherapie eindeutige Signifikanz und hat daher auch einen hohen Empfehlungsgrad in der S3-Leitlinie Demenz. Gemessen wurden 16 Wochen Musiktherapie, ein- bis zweimal in der Woche, und

zwar nach acht Wochen, nach 16 Wochen sowie vier Wochen nach Beendigung der Therapie. Selbst da gab es noch bedeutende Verbesserungen; das ist fast unglaublich bei Menschen mit Demenz. Auch im ambulanten Bereich berichteten Angehörige, dass das „Glücksgefühl" nach jeder Therapieeinheit bis zu drei Tagen anhalten kann.

Das ist ja beeindruckend. Findet das auch entsprechende Verbreitung in der Betreuung und ist das inzwischen Standard?
D. Muthesius: Die Krankenkasse bezahlt das nicht, und die wenigen Sondermittel für Demente reichen nicht aus. Gleichzeitig jedoch wissen alle mit Demenz Beschäftigten, wie wichtig Musik ist. So behilft man sich dann mit einem Akkordeon spielenden Angehörigen oder einer Gitarre spielenden Pflegerin. Letzteres ist durchaus zu begrüßen, denn offensichtlich hängt eine hohe soziale Kompetenz auch davon ab, ob der Pflegende einen Zugang zu Musik hat, ob er sich z. B. traut, seine Stimme einzusetzen. Abgesehen von der positiven Wirkung auf den einzelnen Bewohner stärkt man damit auch das Gemeinschaftsgefühl.

Wie sollten Räume für die Musiktherapie in der Gruppe beschaffen sein? Was wünschen Sie sich von Architekten und Planern?

Regelmäßiges Musizieren mit den Heimbewohnern stärkt das Gemeinschaftsgefühl und bedarf einer hohen sozialen Kompetenz der Pflegenden.

D. Muthesius: Das ist für diesen Bereich eigentlich die falsche Frage, weil wir den Patienten lieber dort abholen, genauer gesagt: ihn dort belassen, wo er ist, d. h. idealerweise in seiner vertrauten Umgebung. Da mag der Musikraum noch so schön sein ... Für einen Dementen bedeutet jeder Raumwechsel zusätzliche Irritationen, nämlich den Verlust räumlicher Orientierung, und das ist auch ein Identitätsverlust. Man würde zunächst vor allem Ängste auslösen.

Anders herum gefragt: Wie sind aus Ihrer Erfahrung Räume gestaltet, in denen sich gut arbeiten lässt, und was hat sich als eher hinderlich erwiesen?
D. Muthesius: Grundsätzlich würde ich sagen, dass der Erfolg von Musiktherapie von vielen anderen Faktoren bestimmt wird und ganz sicher nicht davon abhängt, wie schön oder wie hässlich der Raum ist. Von Vorteil ist jedoch eine wohnliche und gemütliche Umgebung, am besten eine Wohnzimmereinrichtung bestehend aus den mitgebrachten Möbelstücken der einzelnen Bewohner. Ob die verschiedenen Schränke etc. unter gestalterischen Gesichtspunkten zusammenpassen, ist dabei unerheblich, schließlich geht es darum, jedem Menschen ein Stück Heimat zu erhalten. Ich habe es allerdings einmal erlebt, dass sich ein an Demenz Erkrankter darüber „amüsierte", dass die drei Kronleuchter im Raum aus verschiedenen Stilrichtungen stammten. Vermeiden sollte man sicherlich irgendwelche stereotypen Gestaltungen. Als problematisch erweisen sich mitunter auch ein Zuviel an Dekoration sowie figürliche Muster auf Tischdecken, die vom Pflegepersonal sicher gut gemeint sind, bei Dementen jedoch zu Irritationen führen. Wichtig ist auf jeden Fall eine ausreichend helle, angenehme Beleuchtung, die den Patienten Sicherheit bietet.

Wohnlichkeit, Gemütlichkeit, Heimat sind offenbar die Begriffe, die Architekten immer wieder an die Hand gegeben werden. Sehen Sie diese Aspekte inzwischen umgesetzt?
D. Muthesius: Wie will man „Gemütlichkeit" definieren oder gar gestalten? Ich denke, dass die Architektur insbesondere Normalität widerspiegeln muss, d. h. den Bewohner nicht mit einer Ästhetik konfrontieren sollte, die ihm fremd ist bzw. die nicht zu seinem bisherigen Leben gehörte. In einer relativ neuen Einrichtung gibt es z. B. einen Japanischen Garten – sehr, sehr hübsch, aber für Demente einfach nicht geeignet. Dies gilt leider auch für den Rundgang zur Innenhofseite, der dem Bewegungsdrang von Alzheimerpatienten Rechnung tragen soll. Dort sind alle Seiten vollständig verglast, sodass die vielfältigen Seh- und Raumeindrücke zu Reizüberflutungen führen. Bei einem Menschen, der häufig nicht weiß, wo er ist, trägt so etwas nicht zur Orientierung bei. Rundum verglast ist bei Villenbesitzern und Architekten Normalität, aber nicht bei unseren Patienten.

Um abschließend nochmals auf Musik in der Alzheimertherapie zu kommen: Wie schätzen Sie die Zukunft ein?
D. Muthesius: Unabhängig von Finanzierungsfragen ist insbesondere die Tendenz im Bildungswesen besorgniserregend. In Berlin z. B. reduziert man derzeit ein weiteres Mal den Musikunterricht an den Schulen, sodass nachfolgende Generationen kaum mehr über eine Form von gemeinsamem Musik- oder Liedgut verfügen werden, wenngleich sie sehr viel Musik hören. Erste Auswirkungen erleben wir in unserer Arbeit schon heute. In ca. 30 Jahren wird kein an Demenz Erkrankter auf ein aktives Repertoire zurückgreifen können, weil dies nicht geschaffen wurde in seiner Kindheit.

Die Fragen stellte Christel Kapitzki.

tanz und kognition

Fragen an Gabriele Brandstetter

Tanz wird als eine Urform menschlichen Ausdrucksverlangens bezeichnet: Ist das Bedürfnis zu tanzen in uns so tief verwurzelt, dass es abrufbar oder animierbar wäre wie andere Prägungen des Menschen auch?

G. Brandstetter: Es ist richtig, dass das Tanzen zu jenen Ausdrucksformen des Menschen gehört, die sehr alt sind und die in den unterschiedlichsten Kulturen der Welt vielfältige Ausprägungen und Stile entfaltet haben. Daraus kann man aber heute nicht generell ableiten, dass es sich dabei um eine „Prägung" handelt. Ob Menschen gerne tanzen, hängt sehr viel mehr von den sozialen, kulturellen und individuellen Erfahrungen ab, die ihre jeweilige Umwelt von Kindheit an beeinflusst haben. Wo die Bereitschaft, ja die Lust zu tanzen bei einem Menschen heute jeweils beginnt und wo sie endet, ist nicht einfach vorherzusehen; dies müsste vielmehr gemeinsam, individuell oder in kleinen Gruppen exploriert werden.

Es heißt, dass das sogenannte „Abnehmen" von Bewegungsfolgen das Gehirn stimuliere und etwa Geometrieaufgaben nach dem Tanzunterricht leichter zu lösen seien. Würden Sie dem zustimmen, oder trifft dies nur bedingt, d. h. auf Menschen mit bestimmten Voraussetzungen zu?

G. Brandstetter: Das „Abnehmen" von Bewegungsabfolgen beruht ja auf einer Grundausstattung des Menschen: nämlich seiner Fähigkeit zur Nachahmung, die übrigens schon Aristoteles als ein wesentliches Merkmal des Menschen beschrieben hat. Die Imitation einer Bewegungsfolge stellt eine komplexe sensomotorische und kognitive Leistung dar: Wenn z. B. in einer Tanzstunde die Übenden eine Folge von Schritten, zugehörigen Rumpf-, Arm- und Kopfbewegungen von einem Vortanzenden übertragen, so sind sie nicht nur körperlich, sondern auch kognitiv und emotional herausgefordert. Je nach Erfahrung, nach Begabung und auch nach Konzentrationsvermögen gelingt dies mit ganz unterschiedlichen Resultaten. Grundsätzlich jedoch, so denke ich, wirken sich das Training, die Aktivierung der körperrhythmischen Koordination und der Bewegung im Raum sowie die Sensibilisierung der propriozeptiven und kinästhetischen Wahrnehmung gewiss positiv auf kognitive Prozesse aus – und dies vermutlich unabhängig davon, ob die tänzerische „Leistung" besonders gut ist. Entscheidend ist, dass dieser Prozess der Nachahmung einer Bewegungsfolge, ihre Wiederholung und Einprägung, ihre Variation und eventuell spielerische Verwandlung überhaupt regelmäßig geschieht.

Glauben Sie, dass sich dieser Zusammenhang in einem frühen Stadium von Alzheimer nutzen ließe?

G. Brandstetter: Ich bin leider über die sehr komplizierte Krankheit Alzheimer nicht besser informiert als ein interessierter Laie. Deshalb zögere ich, generelle Aussagen und

Prognosen zu wagen. Aus dem oben Gesagten über Bewegungsnachahmung im Tanzen ließe sich aber die Folgerung ziehen, dass – in einem frühen Stadium von Alzheimer – eine unter geschulter Anleitung erfolgende tänzerische Bewegung hilfreich sein könnte. Hilfreich wofür? Ich will die besonderen Merkmale des Tanzes, die hier zum Tragen kommen könnten, einfach kurz benennen: rhythmische Folge von bestimmten Bewegungsmustern (Schritte, Kreisbewegungen, Richtungsänderungen). Hinzu kommen die damit verbundene Raumorientierung, die oben genannte Übertragungsleistung bei der Nachahmung einer Bewegungsfolge sowie die Bedeutung von Wiederholungen: All dies sind grundlegende Elemente

zur Bildung/Bahnung von Gedächtnis. Schon in den ältesten Tanztraktaten werden diese wichtigen Elemente der „memoria" hervorgehoben. Da es bei Alzheimer u. a. ja darum geht, das Gedächtnis zu stützen, „wiederzufinden" bzw. neue Wege des Erinnerns zu aktivieren, scheint mir ein verantwortlich therapeutisch angeleitetes Tanzen ein ganz wichtiges und wunderbares Instrument, um im „Hier und Jetzt" einen entlasteten Umgang mit dem Erinnern von Bewegungsfolgen zu praktizieren. Denn wichtig ist dabei ja auch: Es gibt keinen Leistungsdruck, sondern allein die Freude an der Bewegung ist entscheidend. Und Fehler machen beim Üben und gemeinsamen Tun fast alle Menschen, ob jung oder alt.

Mit der Fassadengestaltung ihres 2011 entstandenen Gebäudes in Dresden (Deutschland) erinnert die Arbeitsgemeinschaft Böttcher und Dähne an die deutsche Tänzerin Gret Palucca.

EINGANG
TIEFGARAGE

PALUCCA
TÄNZERIN 1902 - 1993
"ICH WILL NICHT HÜBSCH UND LIEBLICH TANZEN"

Gret Palucca (1902–1993) war eine international anerkannte Ausdruckstänzerin und Tanzpädagogin, die seit den 1920er Jahren in Dresden lebte.

Wie sollte ein Raum gestaltet bzw. ausgestattet sein, um Menschen zum Tanzen zu animieren, die in ihrer Raumwahrnehmung eingeschränkt sind?

G. Brandstetter: Um einen idealen Raum zu gestalten, in dem Menschen tanzen, die in ihrer Selbst- und Raumwahrnehmung eingeschränkt sind, sollte unbedingt ein Team aus (Innen-) Architekten, Choreografen/Tanztherapeuten und Medizinern zusammenwirken. Eine Reihe von Vorgaben gilt es zu bedenken, beispielsweise, dass keine Hindernisse und Stolpergefährdungen vorhanden sind. Der Raum sollte nicht einfach „offen" sein, sondern strukturiert, variabel nutzbar. Welche idealen Konstruktionen jedoch wichtig sind – z. B. die Regulierung des Lichtes –, damit dieser Raum ein Potenzial für Tanzende mit eingeschränkter Raumwahrnehmung bietet, das sollte sorgfältig entwickelt und eventuell sogar in Modell-Workshops erprobt werden.

Würden Sie sagen, dass die im Tanz stattfindende Auseinandersetzung mit Raum „automatisch" die Selbstvergewisserung sowie die Orientierung im Raum fördert?

G. Brandstetter: In einem Gespräch mit einer befreundeten Choreografin tauchte kürzlich, als sie eine Aufgabe beschrieb, die sie sich selbst gestellt hatte, der Begriff „begrenzter Raum" auf. Es ist eine Formulierung, die ich sehr passend finde für die Frage, in welcher Weise – bezogen auf Alzheimer – Tanz und Raum zusammenwirken können: „begrenzter Raum" im Sinne einer Umgrenzung. Klare Grenzen und Strukturen, die der Orientierung dienen. Und zugleich meint begrenzter Raum ja auch: Reduktion! Der bewusste Umgang mit Verkleinerungen (sei es der Schritte, der Abmessungen, der Bewegungen) und Vereinfachungen! Dies ist eine an sich sehr schöne tänzerische, choreografische und architektonische Herausforderung, wenn man sich bewusst und gestaltend darauf einstellt. Unter diesen Voraussetzungen mit Vorsicht und Respekt die Bewegung im Tanz fördern: Das würde tatsächlich, im Sinne Ihrer Frage, die Möglichkeit beinhalten, dass die Orientierung im Raum und die damit verbundene Selbstvergewisserung stattfinden kann, vielleicht nicht automatisch, denn es ist ja immer vieles unvorhersehbar. Aber im besten Sinn des Wortes „bildend".

Alte, tanzende Menschen – mit und ohne Handicap – sind in unserem Kulturkreis noch selten, anders z. B. als in Japan. Sehen Sie Hinweise darauf, dass sich dies in Zukunft ändern könnte?

G. Brandstetter: Ja. Diese Veränderungen beginnen jetzt schon. Denn es ist nicht mehr von der Hand zu weisen, dass man sich auch in unserem Kulturkreis darauf einstellen muss, dass überkommene Leitbilder von dem, was Jugendkult im Tanz ist – und welche Körperideale und Leistungsvorstellungen damit verbunden sind –, längst von der Lebensrealität überholt sind. In einer Konferenz 2012 zu „Aging Body in Dance"[1] habe ich zusammen mit einer jungen japanischen Kollegin, Nanako Nakajima, diese Fragen mit Wissenschaftlern und Künstlern aus Ost und West diskutiert. Mittlerweile gibt es etliche Tänzer und Choreografen, die sich in unserem Kulturkreis mit diesen Fragen sehr aktiv und kritisch auseinandersetzen. Doch nicht nur im künstlerischen Tanz ist diese Frage aktuell. Für unsere ganze Gesellschaft ist sie bedeutsam: Tanzen als eine Form des Sich-Bewegens, des Lernens, des Kommunizierens, als Weg aus der Vereinsamung und als eine Bildung von Körper und Geist, die nicht durch Altersgrenzen eingeschränkt sein muss. Für solche Initiativen sollten Ressourcen bereitgestellt werden.

Die Fragen stellte Christel Kapitzki.

1   Gabriele Brandstetter und Nanako Nakajima (Hrsg.): *Aging Body in Dance. Seeking Aesthetics and Politics of the Body through the Comparison of Euro-American and Japanese Cultures*, Bielefeld 2014. www.bewegungsforschung.de/veranst_agingbody2012.html

wohnen mit
allen sinnen

Biografiepaneele, -schachteln und -vitrinen sind zentrale Bestandteile eines ganzheitlichen innenarchitektonischen Konzepts, das die Bedürfnisse von Menschen mit demenziellen Veränderungen berücksichtigt. Diese insbesondere für Erschließungs- und Eingangsbereiche stationärer Wohnformen gestalteten Einrichtungselemente geben den Bewohnern Orientierung und Identifikation. Hinzu kommen im Rahmen der Therapiearbeit visuelle und akustische Anregungen wie Vogelgezwitscher oder Bachrauschen sowie verschiedene haptisch erfahrbare Materialien (beispielsweise Baumrinde), die die individuellen Erinnerungen der Menschen aufgreifen und zur Interaktion einladen.

Entwickelt wurde das „Einrichtungskonzept Demenz" von Mauser Einrichtungssysteme GmbH & Co. KG (Deutschland) in enger Abstimmung mit Einrichtungs- und Pflegedienstleitungen.

leben mit demenz

Ann Heylighen, Iris Van Steenwinkel
und Chantal Van Audenhove[1]

Stellen Sie sich vor, Sie machen einen kurzen Spaziergang – und werden Stunden später von Ihrem Mann aufgespürt, weil Sie sich verlaufen haben. Oder Sie haben hin und wieder den Eindruck, Vergangenheit und Gegenwart vermischen sich. Oder Sie fühlen sich einsam und umhergewirbelt wie ein Staubkorn. Eine solche Orientierungslosigkeit in Raum, Zeit und Identität ist es, womit Mary – eine Frau in den Vierzigern – zu kämpfen hat, seit sie mit Demenz lebt.[2] Es ist ihr zwar nicht richtig bewusst, dass sie die Orientierung verloren hat, aber es kann sie verwirren, ihr Angstzustände bereiten oder das Gefühl vermitteln, kein Zuhause[3] mehr zu haben in einer Welt, die immer unübersichtlicher und unverständlicher für sie wird.

Je mehr Marys Beziehung zu Raum und Zeit und ihre Selbstwahrnehmung sich verändern, desto schlechter und anders und weniger selbstverständlich scheint sie in ihrer Umgebung verwurzelt zu sein. Um dem begegnen zu können, um also Vertrautes zu bewahren und auf Veränderungen eingestellt zu sein, richteten Mary und ihr Mann das Haus anders ein. Mary schuf sich ihre eigenen Räume im Haus und gestaltete sie mit ihrem Mann und Haushaltshilfen auf ganz bestimmte Weise um.

Seit sie dement ist, sind einige Gegenstände und Räume im Haus nur für Mary bestimmt. In der Küche hat sie ihren eigenen Schrank mit ihren eigenen Cornflakes, ihrer eigenen Tasse und ihrem eigenen Glas. Es sind ihre ganz persönlichen Dinge, die immer an derselben Stelle stehen und die von niemand anderem angerührt werden sollen. Am Esstisch hat sie ihren eigenen Stuhl, im Sitzbereich ihren Sessel mit ihren Decken, ihrem Korb, ihrem Couchtisch, ihren Büchern, ihren Getränken und ihren Süßigkeiten. Sie kann es nicht ausstehen, wenn jemand anderes – sogar ihr Mann – in ihrem Stuhl sitzt oder von ihren Süßigkeiten nimmt, ohne sie zu fragen, auch wenn sie weiß, wie lächerlich das erscheint.

Die Orte im Haus, die Mary für sich allein hat, sind so eingerichtet, dass sie sich im Raum besser zurechtfindet und sich dabei körperlich und kognitiv weniger anstrengen muss. Sie hat sich gewissermaßen ihre eigenen kleinen Welten geschaffen, die so überschaubar sind, dass sie sich geborgen fühlt und immer ihre persönlichen Dinge griffbereit hat.[4] Einer dieser Orte ist ihr Sessel im Wohnzimmer, an dem sie ihre Decken, Kissen, Bücher, Wasserflasche und Süßigkeiten ganz nah bei sich hat. Abends ziehen Mary und ihr Mann die Vorhänge zu, lassen die Rollläden herunter und zünden Kerzen an, um den Geborgenheitscharakter dieser kleinen Welt noch zu verstärken. Ein anderes Beispiel ist das kleine Schlafzimmer, in dem Mary öfters ihren Mittagsschlaf hält. Direkt am Bett stehen eine Lampe und ein

Aussicht auf flacher werdende Perspektiven. Werner Heldt: „Stilleben vor Häusern", 1951

Radio-CD-Player, die sie beide mit einem einzigen Knopfdruck einschalten kann, eine Flasche Wasser und ein Becher zur Einnahme von Medikamenten, ein paar Bücher und die Fernbedienung für den Fernseher, ein Kopfhörer, CDs, Kuscheltiere und zusätzliche Kissen – all das eben, was sie für ihr tägliches Leben verwendet.

Die Utensilien an ihrem Sessel oder Bett hat Mary sowohl physisch als auch kognitiv griffbereit. Physisch deshalb, weil sie leicht zu erreichen sind – sie muss nur den Arm ausstrecken, um an das heranzukommen, was sie haben möchte, wenn sie in ihrem Sessel sitzt oder in ihrem Bett liegt. Kognitiv erstens deshalb, weil ihr die Dinge vertraut sind – sie verwendet sie tagtäglich –, zweitens, weil sie geordnet an der Stelle liegen, wo sie hingehören, und drittens, weil sie sich in einer ganz bestimmten Richtung und Entfernung zu Mary befinden, wenn sie in ihrem Sessel sitzt oder in ihrem Bett liegt. So muss Mary nicht lange suchen. Sie findet sie sogar mit geschlossenen Augen. Diese „Griffbereitschaft" scheint der Schlüssel zu ihren kleinen Welten zu sein. Ihre Sachen direkt an ihrem Sessel, neben ihrem Bett oder in ihrem eigenen Küchenbereich zu haben, macht es Mary leichter, insbesondere wenn es ihr nicht gut geht. Und dass sie es sich selbst leichter macht, ist ein so notwendiger wie kluger Schritt, um mit ihrer Umwelt zurechtzukommen.

Die Tatsache, dass sich Menschen wie Mary, die mit Demenz leben müssen, in Raum, Zeit und Identität immer schlechter orientieren können, mag nicht sonderlich überraschen, da diese Dimensionen eng miteinander verknüpft sind.[5] Sie sind für das Zuhause ein besonderer Bezugspunkt, ein Anker in der Lebenswelt. „Im idealen Sinn", schreibt der Geograf Yi-Fu Tuan, „ist das Zuhause die Mitte unseres Lebens, und Mitte [...] bedeutet *Ursprung und Anfang*."[6] Das Zuhause bietet uns einen geschützten Ort, von dem aus wir die Außenwelt entdecken.[7] Es ist ein Ort von besonderer Bedeutung, der unsere Identität formt und widerspiegelt.[8] Erst wenn wir eine Wohnung einrichten, dekorieren und in Ordnung halten, wird sie zu unserem Zuhause.

Eigentum kann man als juristischen Begriff auffassen, wie Marys Beispiel zeigt, kann es auch bedeuten, „die Kontrolle zu haben"[9] – etwa darüber, wer sich wo hinsetzen und wer sich bei den Süßigkeiten bedienen darf. „Identifikation heißt: besitzen", schreibt John Habraken. „Wenn man sich [mit dem Haus] nicht identifizieren kann, dann wohnt man nicht, sondern hält sich dort nur auf."[10] Fasst man Identität als eine Dimension der Orientierung auf, dann bedeutet dies mehr, als nur den Weg zu finden oder von A nach B zu gelangen, sondern befasst sich mit Fragen wie: Kann ich hier ich selbst sein? Kann ich hier mein eigenes Reich haben? Fühle ich mich hier zu Hause?[11]

Zeit, Raum und Identität sind für uns alle eng miteinander verwoben. Richtig bewusst wird uns diese Wechselbeziehung aber erst dann, wenn sie durch Demenz infrage gestellt wird. Darum könnten wir von Menschen wie Mary lernen, wie unsere Orientierung in Zeit, Raum und Identität funktioniert – oder versagt – und wie das Zuhause als Ankerpunkt dienen kann. Wenn Mary bestimmte Bereiche und Dinge im Haus „in Besitz nimmt", scheint es wie der Versuch, Verbindungen mit der Umgebung zu halten oder wieder aufzunehmen, wie das gezielte Hinarbeiten auf ein Zuhause durch das starke Bemühen, „präsent", „bezogen" und „Teil des Ganzen" zu werden.[12]

Allzu oft heißt es, Menschen verlören durch Demenz ihre Fähigkeit, ihre Wahrnehmung mit anderen zu teilen.[13] Anders bei Mary, die ihr Haus anpasst und damit ihre Wahrnehmung nicht nur dadurch zum Ausdruck bringt, dass sie sie in Worte fasst, sondern auch durch die (Neu-)Ordnung der kleinen Welten die sie sich schafft. Weil sie damit ihre Beziehung zum Raum, zur Zeit und zu ihrer Selbstsicht ändert, verdeutlichen diese kleinen Welten die Art und Weise, möglichst viele Bezüge zu dem Haus aufrechtzuerhalten, das ihr vor ihrem Leben mit Demenz zum trauten Heim geworden war. Sie nimmt Veränderungen vor, um sich wohlfühlen zu können. So erhalten wir durch Marys alltäglichen Umgang mit Demenz differenzierte Erkenntnisse darüber, wie wir Lebensumfelder gestalten können, in denen Menschen – ob mit oder ohne Demenz – sich „zu Hause" oder zumindest wohlfühlen, indem wir ihre Verwirrung und ihre Ängste verringern.

1 Dieser Essay basiert auf Forschungen, die vom European Research Council im Rahmen des 7th Framework Programme der Europäischen Gemeinschaft (FP7/2007–2013)/ ERC grant agreement n° 201673 und dem Forschungsfonds der KU Löwen (OT/12/051) finanziell unterstützt wurde. Unser besonderer Dank gilt Mary, die uns Einblick in ihre „kleinen Welten" gewährt hat.

2 Nachdem wir Mary in einer Fernsehsendung gesehen hatten, luden wir sie ein, an unserem Forschungsprogramm teilzunehmen. Die zweite Autorin besuchte sie dreimal, um halbstrukturierte Interviews mit ihr zu führen. Dabei zeigte ihr Mary ihr Zuhause und erklärte ihr, wie und aus welchen Gründen sie und ihr Mann das Haus so eingerichtet hatten.

3 J. B. Frank: „Semiotic Use of the World: ‚Home' Among People with Alzheimer's Disease: A plea for selfhood?", in: G. D. Rowles, D. Graham und H. Chaudhury (Hrsg.): Home and Identity in Late Life. International Perspectives, New York 2005, S. 171–196.

4 O. F. Bollnow: Human Space, London 2011.

5 E. T. Hall: The Hidden Dimension, Garden City, NY 1969; Bollnow, a.a.O.; C. Norberg-Schulz in: Existence, space & architecture, London 1971; J. Piaget: The child's conception of time, London 1969.

6 Y.-F. Tuan: Space and place. The perspective of experience. London 1977, S. 127 (Hervorhebung der Autoren).

7 Bollnow, a.a.O.

8 Tuan, a.a.O.; A. Madanipour: Public and Private Spaces of the City, London 2003; S. A. Chapman: „A ‚new materialist' lens on aging well. Special things in later life", in: Journal of Aging Studies 20 (2006), 3, S. 207–216; I. Van Steenwinkel et al.: „Home in later life. A framework of the architecture of home environments", in: Home Cultures 9 (2012), 2, S. 195–218.

9 Madanipour, a.a.O., S. 63.

10 J. Habraken: „De mens in de stad van de mens", Alphen aan den Rijn 1969, zitiert in H. Heynen et al.: Dat is architectuur. Sleutelteksten uit de twintigste eeuw, Rotterdam 2004, S. 431.

11 I. Van Steenwinkel et al.: „Spatial Clues for Orientation", in: P. Langdon et al. (Hrsg.): Designing Inclusive Systems, London 2012, S. 227–236.

12 K. Zingmark: Experiences related to home in people with Alzheimer's Disease, Diss. Umeå University, 2000.

13 V. Cotrell und R. Schulz: „The perspective of the patient with Alzheimer's disease", in: The Gerontologist, 33 (1993), 2, S. 205–211.

Alltägliche Lebensgewohnheiten künstlerisch transformiert in Entwürfe neuer Lebensweisen. Andrea Zittel: „A-Z Comfort Units", 2010

haus

und

hof

Das teilweise offene, in sich verschachtelte Gartenhofhaus „House N" in Oita (Japan) baute Sou Fujimoto 2008 für seine Schwiegereltern.

wohn-(ge)schichten

Von der Anatomie des Hauses

Insa Lüdtke

Um etwas zu erleben trete ich hinaus in den Flur:
ich mache die Tür zum Flur auf
und mache im Flur die Tür zum Zimmer zu
und mache im Flur die Tür zum Zimmer auf
und mache im Zimmer die Tür zum Flur zu:
indem ich
um etwas zu erleben
in den Flur hinaus trat
habe ich
das Hinaustreten lang erlebt
dass ich hinaus in den Flur trat.

Peter Handke[1]

hinein hinaus

Eine Tür kann einem Räume eröffnen und verschließen. In diesem Gegensatz der beiden Möglichkeiten liegt gleichzeitig das Verbindende. Ob hinein oder hinaus – das Wesentliche ist das Verständnis einer ganzheitlichen, oszillierenden Bewegung: Nur was sich öffnen lässt, kann sich auch schließen. Aus dem einen Raum hinaus in den anderen hinein zu gehen, meint also nicht nur eine alltägliche Geste in eine Richtung. Es handelt sich um einen dynamischen, raumgreifenden Akt des Körpers im Raum und gleichermaßen um eine existen-zielle Erfahrung des Menschen. Die Tür symbolisiert das ganze Spektrum menschlicher Grundbedürfnisse – sowohl nach Geborgenheit als auch nach Autonomie und Freiheit. Sie formuliert als architektonisches Element die räumlichen Optionen und eröffnet dem Menschen Entscheidungs- und Handlungsspielraum.

Die Tür macht die Wand durchlässig und wandelt den fest abge-grenzten Raum in einen dynamischen Grenz- und Lebensraum. Dieser kann sowohl Sicherheit als auch Selbstbestimmung ermöglichen, im Zusammenleben mit anderen auch Dialog und Verhandlung einfordern. Nicht nur die Tür, das (Wohn-) Haus selbst ist solch ein dialektischer Grenz- und Lebensraum. Menschen mit Demenz sind häufig unruhig und wollen „nach Hause" laufen. Dabei meinen sie nicht zwingend das Haus im Sinne eines Gebäudes, sondern vielmehr das Zuhause als einen emotionalen Ort, wo sie ganz sie *selbst*, bei sich sein und sich *zu Hause* fühlen können. Aus dieser Geborgenheit heraus können sie erst hinaus in die Welt gehen.[2]

innen außen

Der Begriff des *Wohnens* stammt von dem germanischen Wort „wunian" ab, was so viel meint wie „zufrieden sein", umfriedet sein, in Frieden sein, schonen im Sinne von *In-Ruhe-(Sein-)Lassen*.[3] Wohnen kommt auch von Gewohnheiten: Der Körper verinnerlicht den Raum mit Gesten. Aus der Aneinanderreihung bewährter Abläufe werden vertraute Rituale, auch sie geben Sicherheit. In einer neuen Wohnumgebung sind es nicht die Räume, an die man sich gewöhnen muss; was einem eine Wohnung erst vertraut macht, sind die neuen Rituale.[4] Je nach Lebensphase können sich Anforderungen an das Wohnen verändern wie z. B. die Größe, der Zuschnitt und die Anzahl der Zimmer – Grundbedürfnisse nach Schutz und Autonomie bleiben.

Die Frage nach einer Matrix für ein adäquates Wohnhaus für einen Menschen mit Demenz scheint jenseits eines kulturellen und historischen Kontextes universeller Art zu sein. Es geht darum, eine maximal feste und zugleich maximal flexible Struktur bewohnen zu können, die sowohl Konstanz vermitteln und Vielfalt und Veränderbarkeit ermöglichen kann – Parameter, die wohl für alle Menschen gelten.

Schon das römische Hofhaus nimmt die komplementäre Verbindung von innen und außen typologisch auf. Dabei gruppieren sich die Wohnräume um den Innenhof und das Atrium, das Außen wird zum Innen. Aus der Umkehrung von innen und außen entsteht ein Innen-Außen-Kontinuum. Auch heute sind die gegensätzlichen Wohnmotive von Intimität und Öffnung tief im Menschen verankert. Darauf lässt die 2003 durchgeführte Studie „Wohnarchitektur aus Sicht ihrer Nutzer" des Potsdamer Instituts für soziale Stadtentwicklung e.V. (ifss) schließen. Es hat im Auftrag von Wohnungs- und Mieterverbänden in acht deutschen Städten 1.600 Menschen nach ihren Wohnwünschen befragt und ihnen dazu die verschiedensten Haus- und Grundrisstypen präsentiert. Der mit Abstand beliebteste Wohntypus ist das Gartenhofhaus.

schieben schichten
Eine klare und zugleich mehrdeutige Handhabung von Raumkonfigurationen ist im traditionellen japanischen Haus angelegt: Japanische Stadthäuser ähneln sich darin, dass sie zur Straße orientiert sind und ihre Fassaden oftmals mit bis zu vier Schichten von Schiebetüren gänzlich geschlossen bzw. geöffnet werden können. Neben den *shoji*, die aus durchscheinendem Papier oder Glas bestehen, sollen massive hölzerne Schiebetüren *(amado)* vor Regen schützen. Auch die Zone unmittelbar vor dem Haus hat keine eindeutige Nutzung. Sie kann sowohl als Weg und Teil der Straße als auch als Werkstatt oder Laden *(machi-ya)* als Teil des Hauses genutzt werden.

Weder dem Innen- noch dem Außenraum zugerechnet werden kann der *engawa*. Als Übergangsraum markiert er die Zone zwischen dem Haus und seinem Umfeld. Der *engawa* befindet sich zwischen den mit Reisstrohmatten *(tatami)* ausgelegten Wohnräumen und dem zum Haus gehörigen Garten, er ist auf Innenraumniveau überdacht und im Unterschied zu einer Veranda ohne Geländer. Die Raumgrenze zum Innenraum markieren auch hier temporär die *shoji*. Die überdachte Raumzone schützt die Schiebetüren vor Schlagregen und die Innenräume vor Sonneneinstrahlung. Zwar liegt der *engawa* außerhalb der Innenräume, er darf aber nicht mit Straßenschuhen betreten werden. Das wiederum unterstreicht, dass er ebenso wenig als Außenraum verstanden wird. Wer hinaus gehen will, muss einen bewussten Schritt auf einen großen Stein tun, der als Stufe in den Garten dient.[5] Die Dualität des *engawa* zeigt sich auch funktional: Als Korridor dient der Zwischenraum im Sommer als lichtgedämpfter Vorraum, während er im Winter die Möglichkeit bietet, die Sonnenwärme zu genießen.

Eine räumliche Zonierung, die offen für verschiedene Nutzungen bleibt, kann gleichzeitig das Gefühl von Sicherheit als auch von Selbstbestimmtheit vermitteln. Diese Gleichzeitigkeit ist gerade für einen Menschen mit Demenz wichtig, da er sich sicher fühlen muss, aber sich nicht eingesperrt fühlen darf.

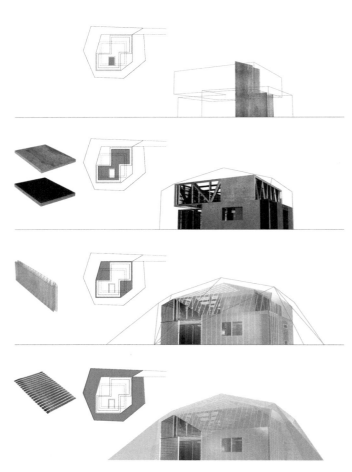

Die Wände des „Wall House" bilden vier Schichten: Stahlbetonkern, Holzbauelemente, hochdämmende Polycarbonatplatten, gewebte Membranen.

Das radial angelegte „Wall House" in Santiago de Chile, 2007 fertig gestellt, wurde von FAR Frohn & Rojas als Alterssitz konzipiert.

Geborgenheit erwarten wir *innen,* wo es eng, warm fest und dunkel ist. Je weiter wir nach außen treten, wird es heller, luftiger und leichter. In Form eines solchen Zwiebelprinzips nimmt das als Alterssitz konzipierte „Wall House" die räumliche Schichtung zwar sehr schematisch, aber mit großer Konsequenz auf. Das Haus ist in radialer Struktur angelegt: Die Wände des Gebäudes bestehen aus vier verschiedenen Schichten, die jeweils eigene Qualitäten hinsichtlich Nutzung, Konstruktion, Oberfläche, Atmosphäre und Klima entstehen lassen.

Die innerste Schicht, die intimste Zone, bildet ein Stahlbetonkern, der als Nassraum dient. Von hier aus gelangt man in die zweite Schicht. Sie besteht aus Holzbauelementen, die – geschlossen oder offen – Räume verbinden oder trennen können; hier findet sich Platz für Stauraum. Die dritte Schicht wird von hochdämmenden Polycarbonatplatten gebildet. Sie stellt die raumabschließende Hülle des Hauses dar und wurde an zwei Seiten komplett verglast. Raumhohe Schiebetüren erlauben die vollständige Öffnung zum Außenraum. Wie ein Zelt spannt sich über das Haus die äußerste und damit vierte Schicht. Diese besteht aus zwei verschiedenen, gewebten Membranen, die zur Anpassung an unterschiedliche klimatische Verhältnisse dienen sollen: Eines der Gewebe reflektiert Sonnenstrahlen, um einer Überhitzung vorzubeugen, das andere dient als Insektenschutz. Die Distanz zwischen Zelt und Polycarbonathülle variiert zwischen einem halben und bis zu vier Metern in Abhängigkeit von den zugeordneten Räumen.

sinnlich sein

Wohnen heißt zum einen sich einzurichten und sich zum anderen immer wieder neu auszurichten für die jeweilige Lebenssituation, d. h. den adäquaten Ort für Schlafen, Essen, Spielen, Arbeiten, Verstauen auszumachen, ihn in seiner Dimension und Atmosphäre abzustecken und zu gestalten. Dieser Vorgang geht weit über das Organisatorische hinaus. Es geht darum, ein Leben lang wohnend das eigene Territorium mit der gesamten Persönlichkeit in Besitz zu nehmen, mit ihr eins zu werden.

So erhält der Raum neben der funktionalen Schicht der Möblierung auch eine sinnstiftende und sinnliche Ebene. Indem wir unser Umfeld mit Dingen anreichern, verdichtet sich unsere Identität im Raum. In die Erinnerungsspeicher gelangen Extrakte des gelebten Lebens und dienen als Referenz und Instanz der Selbstvergewisserung. Dinge zu sammeln und das eigene Hab und Gut auszustellen, sind tief in uns verwurzelte Bedürfnisse, die unsere Identität festigen und Sicherheit geben. Dinge erzählen von unseren Geschichten, wecken Assoziationen und schaffen als atmosphärische und emotionale Fixpunkte eine identitätsstiftende Schicht.

Räume ohne Wände. Allein die Untersicht seines Walmdaches definiert die Raumkonfiguration des „House Asama" in Karuizawa (Japan).
Atelier Bow-Wow, 2000

Ein phänomenologisches Raumverständnis ist bereits in die Materialforschung eingezogen, indem unsere gebaute Umwelt als ein dynamischer Ort des Austausches und der Kommunikation verstanden wird. Im Sinne des Wohnens als lebendigem Prozess kann der Raum vom Objekt selbst zum lebendigen Subjekt werden. Forscher untersuchen bereits, wie Architektur als responsives System gedacht, entworfen und realisiert werden kann, als ein System, das mit seiner Umwelt in Wechselwirkung tritt und durch die Verwendung hybrider Materialien und interaktiver Textilien innere Empfindungen im Außen über die Architektur erfahrbar werden lässt.[6] Es entstehen Verbundstoffe mit materialtypischen Charakteristika wie etwa der Haptik eines Strickstoffes, die gleichzeitig aber auch computerbasierte Eigenschaften haben. Durch integrierte Aktoren und Sensoren können die Materialien ihre Umgebung wahrnehmen und miteinander interagieren.

Die britische Designerin Carole Collet untersucht im Rahmen des Forschungsprojektes „Poetic Textiles for Smart Homes", wie sich neue Technologien mit traditionellen Techniken verbinden lassen. Anstatt rein funktional oder dekorativ und in der Zeit „fixiert" zu sein, sollen, so Collet über ihre Arbeit, poetische Textilien eine neue Qualität erzeugen, sei es, indem sie mit unerwarteten Materialien spielen oder dadurch, dass eine andere Ebene der Interaktion geschaffen wird, die unsere häuslichen Rituale „herauskitzelt".[7]

verrücken verdichten

Im Laufe seines Lebens muss der Mensch u. a. auch altersbedingt lernen, körperliche und geistige Einschränkungen zu kompensieren. Das Haus und auch das Wohnumfeld müssen diese Veränderungen aufnehmen und abbilden, um Lebensqualität und auch Lebendigkeit zu erhalten. Neben der Schichtung und Verdichtung kann auch die Reduktion von Radius und Form ein weiterer Schlüssel sein, um ein selbstbestimmtes Leben etwa bei Demenz zu ermöglichen.

So kann selbst ein einziger Raum das ganze Leben aufnehmen: Beim „House Asama" (2000) zeichnet sich die Zonierung des Grundrisses in Wohnküche, Wohnzimmer, Arbeits- sowie Schlafbereich und Bad in der Untersicht der Dachkonstruktion ab. Trotz der nicht vorhandenen Wände ergeben sich durch die verschiedenen Parameter wie Breite, Tiefe und Schräge des Daches sowie den Blick nach außen unterschiedliche Raumbereiche. Über den Tag hinweg ändert das einfallende Tageslicht die räumliche Atmosphäre, so liegt beispielsweise am späten Abend ein Großteil der Decke im Schatten und nur die westliche Seite erglüht im Orange der untergehenden Sonne, deren Licht durch das Dachfenster einfällt.

Le Corbusier entwarf schon 1951 mit der Blockhütte „Le Cabanon" (frz. Hütte) auf 3,66 mal 3,66 Meter Grundfläche ein Minimalhaus. Aus massiven Holzblöcken konstruiert und als eine Art Matrix und Miniatur des Wohnens, entwickelte nun auch der japanische Architekt Sou Fujimoto das „Final Wooden House" (2008). Es soll die Möglichkeiten kompakten Wohnens durch ein extremes Maß an Abstraktion ausloten. Das Haus gleicht einer Skulptur aus vor- und zurückspringenden Stufen, die als Treppe, Sitzgelegenheit, Bett, Tisch oder Regal genutzt werden können. Die bislang getrennten Typologien des Wohnens werden auf diese Weise in einer smarten, gleichsam sinnlichen Höhle zusammengeführt, in der Wände, Boden und Decke ineinander übergehen. „Auch wenn das Haus nur wenige Quadratmeter groß ist, gibt es dem Menschen eine neue Position, da sie sich anders in ihm bewegen können, als sie es gewohnt sind", erklärt Sou Fujimoto. Für ihn sind Gebäude interaktive, haptische Spielplätze. Auch dem menschlichen Miteinander wird ein höheres Maß an Interaktion abverlangt als in weitläufigen Wohnungen mit klar voneinander getrennten Bereichen. Der Sinn und Zweck der Mikroarchitektur liegt für den Architekten genau in diesem Aspekt: Sie bildet keinen Gegenpol oder Ausstieg aus der Zivilisation, sondern sie wird zu einem Werkzeug, das die für selbstverständlich genommenen Gewohnheiten des Alltages vor Augen führt.[8]

Das menschliche Habitat besteht aus vielfältigen Aspekten, die alle gleichermaßen diesen Veränderungen unterworfen sind und deshalb gerade im Alter immer wieder auf dem Prüfstand stehen sollten: räumliches Gefüge, Art der Abgrenzung, sensorische Qualitäten, Materialien, Haptik, Formen, Maße und Proportionen.[9] Nicht Enge und Verlust muss die Folge sein – bei Überlagerung und Mehrfachnutzung kann sich durch die Verdichtung auf kleinem Raum größere Intensität sowie Weite und Freiheit entfalten. Nicht nur im Alltag kann es angenehm und entlastend sein, sich nur um einen überschaubaren Bereich kümmern zu müssen. Wenn im Sinne der Selbstähnlichkeit[10] das Quartier zur Stadt, das Haus zum Quartier und das Zimmer zum Haus wird, bleibt einem *das Lebenshaus* vertraut – und es lebt sich wie *gewohnt*.

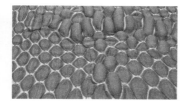

„Listener", 2010 von Mette Ramsgard Thomsen entwickelt, ist eine textile, robotische Membran, die auf Berührung und Bewegung reagiert.

„Final Wooden House" von Sou Fujimoto besteht aus geschichteten Massivholzbalken und befindet sich seit 2008 im Süden Japans.

1 P. Handke: aus „Zeitmaße, Zeiträume, Orts-
   zeiten", in: *Die Innenwelt der Außenwelt der
   Innenwelt*, Frankfurt am Main 1969, S.115.

2 G. Bachelard: *Poetik des Raumes*, München
   1975.

3 M. Heidegger: „Bauen Wohnen Denken",
   in: ders.: Gesamtausgabe, Bd. 7, Darmstadt
   2000, S. 145–164.

4 W. Schmid: *Mit sich selbst befreundet sein.
   Von der Lebenskunst im Umgang mit sich selbst*,
   Frankfurt am Main 2004.

5 H. Engel: *Measure and Construction of the
   Japanese House*, Tokio 1985.

6 F. Eidner und N. Heinich: „Technikpoesie,
   Technologie, Design und Emotion", in:
   Baunetzwoche #185 Special, Berlin 2010.

7 F. Eidner und N. Heinich, a.a.O.

8 N. Kietzmann: „Wohnen als Werkzeug", in:
   Designlines vom 16.07.2013,

www.designlines.de/stories/Wohnen-als-
Werkzeug_10290837.html.

9 S. Baumers, A. Heylighen und I. Van Steenwinkel: „Home in Later Life. A Framework for
   the Architecture of Home Enviromnents", in:
   Home Cultures, 9 (2012), 2, S. 195–217.

10 Selbstähnlichkeit ist im engeren Sinne die
   Eigenschaft von Gegenständen, Körpern,
   Mengen oder geometrischen Objekten, in
   größeren Maßstäben, d.h. bei Vergrößerung
   dieselben oder ähnliche Strukturen aufzuwei-
   sen wie im Anfangszustand. Diese Eigenschaft
   wird u.a. von der fraktalen Geometrie untersucht, da Fraktale (fractus – gebrochen) eine
   hohe bzw. perfekte Selbstähnlichkeit aufwei-
   sen. Im weiteren Sinne wird der Begriff auch
   in der Philosophie und den Sozial- und Natur-
   wissenschaften verwendet, um grundsätzlich
   wiederkehrende, in sich selbst verschachtelte
   Strukturen zu bezeichnen.
   (Quelle: www.wikipedia.de)

Die Nutzung im Innern bestimmen die Bewohner selbst. Eine Replik des Holzhauses war anlässlich der documenta 2012 in der Kunsthalle Bielefeld (Deutschland) zu sehen.

leben in der küche

Der Wohnküche kommt in der Pflege von Menschen mit Demenz eine zentrale Rolle als Lebensmittelpunkt zu. Dies entspricht zeitgemäßen, international angewandten Betreuungskonzepten, die darauf basieren, Menschen in Wohn- und Pflegeeinrichtungen zu aktivieren und ihnen „Normalität" zu vermitteln. Denn ein alle Sinne ansprechender Tagesablauf wird insbesondere in der Küche erfahrbar. Hier wird nicht nur gekocht und gegessen, sondern auch geputzt, gebügelt, erzählt, gelacht, gestritten ... Kurzum, hier findet Leben in der Gemeinschaft statt.

Die „offene" Küche mit Einblick in die Flure und zur Kochinsel sowie die direkte Zuordnung von Speisekammer, Hauswirtschaftsraum und Bad können das Personal bzw. die Präsenzkraft bei ihren vielfältigen Arbeiten durch kurze Wege unterstützen.

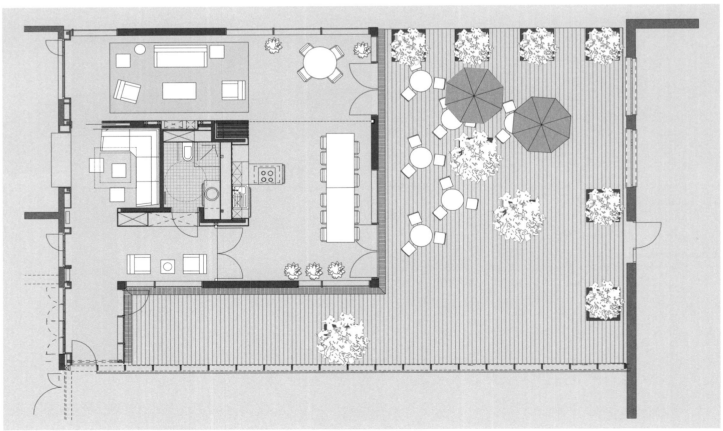

typologische raster

Gewohntes Wohnen, ein Leben lang

Susan Black

Angenommen, es ist 2030: Eltern erkranken nicht mehr an Alzheimer, weil neurodegenerative Erkrankungen dank der Stammzellenforschung fast vollständig der Vergangenheit angehören. Gleichzeitig wird ein Kind geboren: Im Handumdrehen ist sein Erbgut entschlüsselt, ein genetisches Profil angefertigt und ein maßgeschneiderter Fahrplan für erforderliche Gesundheitstests aufgestellt. Die Genkonstellation, die für Fettleibigkeit verantwortlich ist und damit eine erhöhte Anfälligkeit für eine Reihe chronischer Erkrankungen wie Diabetes und Demenz signalisiert, kann verändert werden, sodass auch das Ende einer vermutlich globalen Epidemie besiegelt ist. Aber noch sind wir nicht so weit.

Erkrankt heute ein geliebter Mensch an Alzheimer, zählt er zu jenem Anteil der Weltbevölkerung, der am schnellsten wächst. Gleichzeitig ist es dieses Segment, das derzeit in puncto Pflege und Verbesserung der Lebensbedingungen am sträflichsten vernachlässigt wird, ja dem in einigen Ländern sogar die Anerkennung der Krankheit verwehrt wird. Über 100 Millionen Menschen sollen im nächsten Jahrzehnt betroffen sein – also schon lange, bevor uns die Stammzellenforschung weiterhelfen kann. Es gibt Berechnungen, nach denen die Ausgaben für Demenz das Gesundheitssystem der USA bis 2040 sprengen werden. Ausgeklammert werden meistens auch jene Kinder, die mit Risikofaktoren wie Adipositas erhöht alzheimergefährdet sind. Frauen, die oft den Spagat zwischen Kinder- und Elternbetreuung schaffen müssen („Sandwich-Generation"), könnten Schätzungen zufolge zwei Drittel der an Alzheimer leidenden Bevölkerung ausmachen, und das obwohl sie deren wichtigstes „Pflegepersonal" sind. Zwar beschäftigt man sich bereits seit zwei Jahrzehnten mit der Frage, wie man Demenzkranken das Leben erleichtern kann, und es gelingt zunehmend besser, entsprechend geeignete Wohn- und Lebensumfelder zu schaffen. Doch während die Forschung mit Hochdruck an Methoden zur Linderung, zum Aufschub oder der Heilung der Erkrankung

arbeitet, werden Fortschritte bei der Schaffung von demenzgerechten Umgebungen in dem Bewusstsein erarbeitet, dass in absehbarer Zukunft – wenn die Volkskrankheit schon längst um sich gegriffen hat – damit höchstens ein Prozent der wachsenden Herausforderungen bewältigt werden kann.

Aber wir lassen uns nicht entmutigen! Vor zwanzig Jahren eröffnete in Pennsylvania das Woodside Place of Oakmont, eine bedarfsgerechte Wohnanlage für Menschen mit Alzheimer. Name und Konzept gehen auf eine entsprechende Einrichtung im englischen Birmingham zurück, die mittlerweile zum Modell für Dutzende von Einrichtungen in ganz Nordamerika geworden ist. 36 Bewohner mit Alzheimer im mittleren/gemäßigten Stadium wohnen dort, und Untersuchungen mit ehemaligen Bewohnern haben aufgedeckt, wie mangelhaft die institutionelle Unterbringung von Menschen mit Demenz im Allgemeinen ist. Woodside wurde zum Musterbeispiel für demenzfreundliche Gestaltung.

Die Gestaltung des Wohnumfeldes kann die tägliche Routine, viele andere Funktionen und die soziale Interaktion erleichtern und stärken. So kann es einem Demenzkranken große Glücksgefühle bereiten, auf Gartenwegen auf Entdeckungstour zu gehen und zu erleben, wie bei der Ankunft am Ausgangspunkt die Erinnerungen wiederkommen. Es gilt, Gelegenheiten für Ängste und Verwirrung zu reduzieren: Das stärkt das Gefühl, wieder auf eigenen Beinen stehen zu können, und es eröffnet unzählige Möglichkeiten, auf eigene Faust aktiv zu werden, etwas für sich alleine zu machen oder auch, sich drei Frühstücke nacheinander zuzubereiten, egal wie spät es ist. Ein zentrales Element in Woodside Place ist die offene „Landhaus"-Küche. Sogar der Mitarbeiterbereich ist in den Küchenraum integriert, sodass eine heimelige und vertraute Atmosphäre entsteht, in der im Notfall immer jemand da ist, der einem hilft.

Zuweilen findet man Varianten von Woodside integriert in ausgedehnte Komplexe für altersgerechtes Wohnen, meistens weit außerhalb der Städte und Ortschaften, in denen man lange Jahre gewohnt hat. Das ist zwar kostensparend, weil diese auf Grundstücken stehen, die früher landwirtschaftlich genutzt wurden oder freie Natur waren, aber die Entfernung von bebauten Zonen erschwert den Kontakt zur Familie, was besonders misslich ist, wenn ein Familienmitglied nur noch wenige Erinnerungen hat, die aufgefrischt werden müssten. Sprich: Was auf der einen Seite dem altersgerechten Wohnen entgegenkommt, kann auf der anderen Seite zulasten nachhaltiger sozialer Kontakte gehen; dann wird das Gewohnte allzu ungewohnt.

In Sun City Ginza in Tokio gibt es ein weiteres Modell. Für viele Familien auf der Welt ist vertikales Wohnen die Normalität, und Japan bildet gewiss keine Ausnahme. Dieses für vielfältige Nutzungen ausgelegte Hochhausprojekt hat sich auf ältere Bewohner spezialisiert, wobei einige Stockwerke speziell an die Bedürfnisse von Personen mit Demenz angepasst sind. Es ist in das gewohnte Großstadtgefüge eingebunden, ohne das Straßenbild und die Atmosphäre zu verändern – so wie in historischen Ortschaften und lebendigen Stadtvierteln das Neue vielfach in das Gewohnte integriert wird: ein Vorteil für alle Generationen.

In Bridgepoint Health in Toronto sind nach größeren Umbauten in einem Krankenhaus für chronische Leiden – auch dies ein Hochhauskomplex – zwei Demenzstationen entstanden. Damit die Patienten nicht allzu frustriert sind, wenn sie vergeblich versuchen, das Haus zu verlassen, haben wir auf Türgriffhöhe übergroße Holzscheiben an der Wand montiert. Das Personal konnte an einer der Scheiben über ein Kartenlesegerät eine Tür öffnen, die als solche für Patienten unsichtbar blieb. Stattdessen bereitete es den Patienten große Freude, die vergrößerte Wandfläche als improvisiertes Musikinstrument zu nutzen und Papier, Stifte und andere Gegenstände daran entlanggleiten zu lassen. Wenn ein so simples Gestaltungselement schon dermaßen viel Aktivität und Begeisterung weckt, kann man sich vorstellen, was noch alles möglich ist. Aber so weit sind wir noch nicht.

Überall im globalen Dorf gibt es Obdachlose jeden Alters, übergewichtige Kinder und Erwachsene und randalierende Jugendliche, die in den Erwartungen an ihr Leben enttäuscht worden sind. Doch obwohl Kinder die Alzheimerpatienten von morgen sind, konzentrieren wir uns auf das Endstadium der Krankheit und starten Projekte, die nur einer auserwählten Gruppe zugute kommen sollen. Die Forschung bescheinigt uns aber auch, dass die Umwelt einen erheblich größeren Einfluss insbesondere auf die Gesundheit von Kindern hat als Gene oder Bewegungsmangel. Wir brauchen ein Umdenken, müssen an wirklich sinnvollen und flexiblen Lösungen arbeiten und schon heute die Herausforderungen bewältigen, um bis 2030 einen echten Durchbruch zu erzielen.

Wäre es nicht erstrebenswert, dass wir ernsthaft mit der Umsetzung von Initiativen zur Schaffung von Wohngebieten beginnen, in denen Kinder mit geringeren Gesundheitsrisiken aufwachsen und in denen Menschen mit Alzheimer so lange

Der Pavillon für das Roskilde-Musikfestival 2013 von Simon Hjermind Jensen fasst mehrere Funktionen in einer dorfähnlichen Anlage zusammen.

wie möglich einen wichtigen Stellenwert als Senioren in ihrem Umfeld haben? Eine gewohnte Umgebung, auf Grundlage sensibler städtischer oder stadtnaher typologischer Raster entwickeln, in der man die bevorzugten Aufenthaltsorte fußläufig erreichen kann, geleitet von einprägsamen Wegmarken? Bei der Planung von Wohngebieten, die größeren Ortschaften und Städten eine eigene Identität verschaffen sollen, gehören solche Elemente schon lange zum Repertoire.

Kinder und Menschen mit Alzheimer müssen ihre Welt als eine lebendige und sichere Welt begreifen. Eine Alzheimerwohnung ist ein Mikrokosmos im öffentlichen Umfeld, der – abgesehen von nötigen, aber unsichtbaren Sicherheitsvorkehrungen – in eine Umgebung eingebettet sein sollte, in der sich der Patient zurechtfindet und in die er sich am besten ganz selbstverständlich eingliedern kann. Wäre es nicht sinnvoll, wenn wir uns bei der Städteplanung von einigen jener Überlegungen leiten lassen würden, die wir auch für demenzfreundliche Einrichtungen anstellen?

Merkmale eines gesunden Lebens, wie zu Hause zubereitete Mahlzeiten, gesundes Essen, leicht erreichbare Tagespflege, kostenlose Möglichkeiten zur sportlichen Betätigung u. a., sollten ein selbstverständlicher Teil des Alltages sein. Die Infrastruktur dafür kann über Aufträge der öffentlichen Hand geschaffen werden, in Public-Private-Partnerships oder über andere, echte Revitalisierungsanreize. Weitere Gelder können aus Einsparungen im Gesundheitssektor generiert werden, die im Zusammenspiel von kostengünstigeren ambulanten Dienstleistungen und anderen öffentlichen Ressourcen möglich sind. Die Architektur kann sich klar positionieren, wenn sie das für Menschen Bedeutsame und Gewohnte über das Erhabene und rein Funktionale stellt. Vielleicht ist ja im Kampf gegen Süßigkeiten der Tante-Emma-Laden an der Straßenecke ein Teil der Lösung? Zum täglichen Bedarf von Familien könnten buchstäblich Rezepte zur Erhaltung der Gesundheit gehören. Volkskrankheiten ließen sich auf diese Weise eindämmen.

Aber denken wir noch einen Schritt weiter. Wir wissen immer besser über die Verbindungen zwischen Körper und Geist Bescheid. Wie schaffen wir ein Umfeld, das lebensbejahende Denkmuster fördert? Schließlich wissen wir doch, dass unser Denken Einfluss darauf hat, was sich im Körper als Unwohl-Sein manifestiert? Können wir mehr Authentizität und Universalität erreichen, indem wir ein Umfeld schaffen, das den ganzen Menschen in seinem Selbstpflege- und Selbstheilungsprozess unterstützt?

Alzheimereinrichtungen sollten an Orten geschaffen werden, die für die jeweiligen Menschen sinnvoll sind – idealerweise dort, wo gleichzeitig auch neue Tagespflege-Projekte in öffentlicher Trägerschaft für Eltern und Kinder ins Leben gerufen werden. Denn wir dürfen nicht vergessen: Aus Demenzeinrichtungen können bis 2030 auch Einrichtungen für Kinder, für betreutes Wohnen oder andere sinnvolle Nutzungen werden – wenn wir die richtigen Ideen finden. Deshalb ist unser kollektives Fachwissen gefragt. Es lohnt sich also immer, in alle Generationen zu investieren. Die Lösung ist zum Greifen nah!

Die demenzfreundliche Gestaltung der Wohnanlage Woodside Place of Oakmont (USA), von Perkins Eastman Architects, 1991, war Modell für ganz Nordamerika.

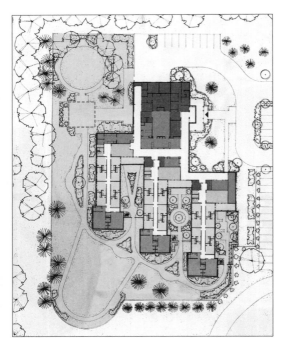

Grundriss/Lageplan Woodside Place of Oakmont (USA)

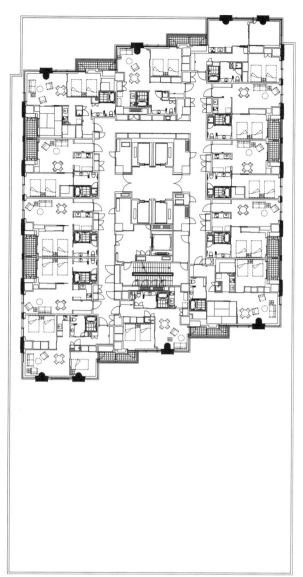

Grundriss Sun City Ginza, Tokio (Japan). Perkins Eastman Architects, 2006

Das auf die Bedürfnisse älterer Bewohner ausgerichtete Hochhaus Sun City Ginza im Osten Tokios (Japan) erhebt sich über einem 6-geschossigen Sockel.

licht

Wahrnehmung
und Gesundheit

David McNair

Die Bedeutung des Gehirnes

Visuelle Wahrnehmung meint die Verarbeitung der Signale, die das Gehirn von den Augen erhält. Sechs Bereiche in der Sehrinde sind gemeinsam dafür zuständig, ein Bild entstehen zu lassen. Jeder dieser Bereiche ist für einen entscheidenden Teilaspekt dieses Vorganges verantwortlich. Verkürzt gesagt, ist der Bereich V1 für das Aufnehmen der Signale vom Auge zuständig.[1] V2 leitet die Signale an die Bereiche V3, V4 und V5 weiter, erhält von ihnen eine Rückmeldung und reagiert auf vielschichtige Formen. V3 spricht auf Linien bestimmter Ausrichtungen an. V4 ist für Farben und Orientierung wichtig, wobei sich in V4 ein entscheidender Kommunikator befindet. V5 ist auf die Wahrnehmung externer Bewegungen spezialisiert, während V6 insbesondere Eigenbewegungen aufnimmt.[2] Bei Menschen mit Demenz ist der Austausch zwischen diesen Bereichen mit erheblichem Stress verbunden. So nehmen einige Demente, wie Forscher festgestellt haben,[3] einen schwarzen Flachbildfernseher als Loch in der Wand oder einen Teppich mit Paisleymuster als Teich wahr, in dem sie womöglich sogar Fische schwimmen sehen. Wer will da noch beurteilen können, ob Menschen mit Demenz Halluzinationen haben oder nicht?

Für die Architektur heißt das, dass Umgebungen besonders kontraststark gestaltet sein müssen, damit Gegenstände sich besser von Oberflächen abheben, etwa Wände von Böden, Toiletten von Böden, Essen von Tellern, Stühle von Böden usw. Verwirrung und Angst vor bestimmten Strecken lassen sich dagegen mit kontrastärmeren Verbindungen von Bodenbelägen minimieren, damit Menschen mit Demenz nicht eine Stufe wahrnehmen, wo gar keine ist, oder im Außenbereich Gullydeckel für Löcher halten. Bestimmte Gegenstände kann man auch gezielt vor ihnen verbergen, indem man sie farblich nicht abstuft, etwa Türen für Pflegepersonal in Heimen. Oft interpretieren Demente unruhige Muster auf Oberflächen falsch, was z. B. dazu führt, dass sie gesprenkelte Arbeitsflächen unablässig schrubben.

Licht

Wenn die Ausleuchtung mangelhaft ist und nur schwache Signale vom Auge ans Gehirn weitergeleitet werden: Wie können diese Verbindungen im Gehirn dann noch richtig funktionieren? Die meisten Menschen mit Demenz sind im fortgeschrittenen Alter, und mit dem Älterwerden nimmt auch die Leistungsfähigkeit ihrer Sehfunktion ab: Die Linse und andere Bestandteile des Auges absorbieren mehr Licht, die Pupillen werden kleiner, die Zahl der Detektionszellen der Netzhaut geht zurück, die Durchblutung der Netzhaut verschlechtert sich und auch in Sehnerv und Sehrinde verringert sich die Zahl der Nervenzellen.

Patio, Kompetenzzentrum für Menschen mit Demenz, Nürnberg (Deutschland). Feddersen Architekten, 2006

Ab einem Alter von 75 Jahren benötigt ein Mensch doppelt so viel Licht, um dieselbe optische Reaktion zu erzielen wie ein 45-Jähriger.[4] In der Regel werden Beleuchtungsstandards für Menschen im mittleren Alter von 45 Jahren definiert. Da ältere Menschen leichter ausrutschen, stolpern und stürzen, empfiehlt es sich also, sie nicht unnötig durch schlechte Beleuchtung zu gefährden.

Merkmale einer durchdachten Lichtplanung sind:
– Berücksichtigung von Reflexion und Kontrast
– ausreichende Zahl einheitlicher Lichtquellen an Wänden und Decken
– Vermeidung plötzlicher Veränderungen der Lichtintensität
– Verwendung von Leuchten mit hoher Farbtreue
– Minimierung blendender Lichtquellen

Ein falsch gestaltetes Umfeld verwirrt manche Menschen mit Demenz und kann ihnen in einem Büro oder einer Bibliothek das Gefühl vermitteln, gefangen zu sein. Lichtplanern wird daher empfohlen, ein gewisses Maß an „heimelig" anmutenden Lichtquellen[5] vorzusehen, um Stellen mit Wiedererkennungswert zu schaffen. Die richtige Mischung aus gemütlichem Licht und dezenter Funktionsbeleuchtung kann den Anforderungen an das gewünschte Ambiente einerseits und einem vertretbaren Energieverbrauch andererseits durchaus gerecht werden.

Zirkadiane Rhythmik

Die suprachiasmatischen Nuclei (SCN) des Hypothalamus sind die innere Uhr unseres Körpers. Sie lösen die unter dem Begriff zirkadiane Rhythmik zusammengefassten biochemischen Prozesse aus, die für die Leistungserbringung wichtig sind, also für Schlaf, Herzfrequenz, Wärmeregulierung, Aufmerksamkeit und Wahrnehmung. Seit der Entdeckung der fotosensitiven retinalen Ganglienzellen (fRGZ) im Jahr 2002 erfährt man mehr und mehr über ihre Bedeutung für die systemische Gesundheit. Sie produzieren Melanopsin, das die Zirbeldrüse zur Produktion von Melatonin anregt, das für die korrekte Funktion der SCN hauptverantwortliche Hormon.

Um die Produktion in Gang zu setzen, ist allerdings deutlich mehr Licht erforderlich, als es herkömmlicherweise in geschlossenen Räumen verfügbar ist. Wer in unzureichendem Maße Tageslicht ausgesetzt ist, wird daher – ähnlich wie bei einem Jetlag – tagsüber müde und nachts munter. Das Morgenlicht ist dabei besonders wichtig. Die fRGZ sind bei 480 Nanometer, also im blauen Bereich des sichtbaren Spektrums, am empfindlichsten. Daher empfiehlt sich aufgrund des hohen Blaugehaltes besonders die Beleuchtung mit Morgenlicht, vor allem im Freien, oder aber drinnen, vorausgesetzt, dass das Tageslicht gut in den Raum eindringen kann.

Umgekehrt kann die zirkadiane Rhythmik gestört werden, wenn man abends blauem Licht in hoher Dosis ausgesetzt ist. Mit 75 Jahren benötigt ein Mensch die dreifache Menge an Licht im Vergleich zu einem 45-Jährigen, um denselben zirkadianen Effekt zu erzielen.[6]

Da nächtliche Lichtexposition den Schlaf stören und die Melatoninproduktion hemmen kann, empfiehlt sich absolute Dunkelheit. Vorhänge sollten völlig abdunkeln, und Elektrogeräte wie Überwachungssysteme, Uhren und Fernseher im Dunkeln kein Licht abgeben. Gut durchdacht sollte dagegen die Beleuchtung des Weges zur Toilette sein: Ein Lichtschalter am Kopfende des Bettes ist zu empfehlen, automatisches Einschalten über eine druckempfindliche Matte eine gute Alternative. Ein konstant schwaches Rotlicht in Toiletten ist denkbar, kann im Hinblick auf den Schlaf aber auch kontraproduktiv sein. Alle Möglichkeiten sollte man über Tastschalter beeinflussen und individuellen Bedürfnissen anpassen können.

Der Lichtplaner sollte einerseits die Vorzüge maximaler Tageslichtnutzung in Betracht ziehen, andererseits Sonnenschutzsysteme vorsehen, um eine unerwünschte Aufheizung durch Sonnenwärme zu minimieren.

Vitamin D
Es ist bekannt, dass Vitamin D die Knochenstärke positiv beeinflusst. Vitamin-D-Mangel wird mit einer Reihe von Leiden wie Kolorektalkrebs, Multipler Sklerose (MS), Herz-Kreislauf- sowie Stoffwechselerkrankungen in Verbindung gebracht, wobei die Forschung noch nicht weiß, ob die Leiden den Mangel bedingen oder umgekehrt. Etwas Klarheit hat möglicherweise eine Studie aus dem Jahr 2010 gebracht,[7] die besagt, dass eine deutlich erhöhte Zahl von Bindungsstellen für Vitamin-D-Rezeptoren (VDR) vor allem in der Nähe von Autoimmun- sowie krebsassoziierten Genen zu belegen war, die in vorausgegangenen Genomstudien als solche identifiziert wurden.

Gewisse Mengen an Vitamin D können zwar über die Nahrung und Nahrungsergänzungsmittel aufgenommen werden; die effizientere Quelle ist allerdings durch kurzzeitige Sonnenlichtexposition zwischen der Tag-und-Nacht-Gleiche im Frühling und Herbst gegeben. Dagegen sollten tägliche Sonneneinstrahlung, die länger als wenige Minuten dauert, sowie direkte Mittagssonne vermieden werden.

Tageslicht ist zwar wichtig, andererseits sollten Lichtplaner im Hinterkopf behalten, dass wer leicht ins Freie gelangen kann, auch eher der Sonne ausgesetzt sein kann.

Milieutherapeutische Farb- und Lichtgestaltung. Fürstlich Fürstenbergisches Altenpflegeheim, Hüfingen (Deutschland). Architekten GSP – Volpp, Amann, Heeg, 2009

Demenzgerechte Beleuchtung
Die Grundelemente demenzgerechter Beleuchtung lassen sich wie folgt zusammenfassen:[8]

- Lichtmenge auf „doppeltes Normalniveau" erhöhen
- bevorzugte Nutzung von Tageslicht
- 24-Stunden-Zyklus von hell und dunkel ermöglichen
- ausreichende Verwendung „gemütlicher" Lichtquellen zur Steigerung des Wiedererkennungswertes

Architekten sollten sich mit diesen Aspekten auseinandersetzen und gegebenenfalls Veranden, Wintergärten oder Pavillons in ihre Planungen einbeziehen, um Tageslicht optimal zu nutzen. Tageslicht kostet nichts und bietet eine hervorragende Lichtqualität.

1   S. M. Zeki: *A vision of the brain*, Oxford, 1993.

2   V. Cardin und A. T. Smith: „Sensitivity of human visual cortical area V6 to stereoscopic depth gradients associated with self-motion", in: *Journal of Neurophysiology*, 106 (2011), 3, S. 1240–1249.

3   G. M. M. Jones und W. J. van der Eerden: „Designing care environments for persons with Alzheimer's disease: visuoperceptual considerations", in: *Reviews in Clinical Gerontology* 18 (2008), 1, S. 13–37.

4   P. L. Turner und M. A. Mainster: „Circadian photoreception: ageing and the eye's important role in systemic health", in: *British Journal of Ophthalmology* 92 (2008), 11, S. 1439–1444.

5   J. M. Torrington und P. R. Tregenza: „Lighting for people with dementia", in: *Lighting Research and Technology* 39 (2007), 1, S. 81–97.

6   P. L. Turner und M. A. Mainster, a.a.O.

7   S. V. Ramagopalan et al.: „A ChIP-seq defined genome-wide map of vitamin D receptor binding: Associations with disease and evolution", in: *Genome Research*, 20 (2010).

8   D. G. McNair et al.: *Light and lighting design for people with dementia*, Stirling, UK, 2013.

Eine Evaluationsstudie 2007–2009 belegt die positive Wirkung von circadianem Licht auf Aktivität und nächtliche Unruhe von Menschen mit Demenz.

architektur, akustik und demenz

Richard Pollock

Stellt man mehreren Personen die einfache Frage: „Können Sie sich an ein Geräusch erinnern, das Sie heute schon gehört haben?", dann passiert etwas Interessantes: Als Erstes konzentrieren sie sich auf alle Geräusche, die sie momentan hören, abgesehen von der Stimme des Sprechers. Dann wird es knifflig, wenn sie den Tag Revue passieren lassen sollen und ihr Gedächtnis fieberhaft nach den Geräuschen durchforsten, die mit dem Erlebten verbunden waren. An diesem Phänomen lassen sich einige wesentliche Charakteristika von Klang und Gehör aufzeigen: Erstens kann man das Gehör nicht abschalten. Zweitens werden die Geräusche, an die wir uns erinnern, vom Gehirn gefiltert, das entscheidet, was es benötigt, um unser Verstehen und normales Funktionieren in der mit dem Ohr wahrnehmbaren Umgebung zu gewährleisten.

Im städtischen Raum lernt das Gehirn, Hintergrundgeräusche wie die des Verkehres zu ignorieren, außer wenn man etwa eine Straße sicher überqueren will. Auf ähnliche Weise können Menschen, die in der Nähe der Küste wohnen, trotz des Meeresrauschens nachts ungestört schlafen.

Ein Geräusch ist die Empfindung, die durch ein gewisses Spektrum rascher Luftdruckfluktuationen ausgelöst wird, die den Gehörmechanismus in Gang setzen. Als Lärm bezeichnet man unerwünschte oder schädliche Geräusche. Geräusche werden nach Intensität (Dezibel oder dB) und Frequenz (Hertz oder Hz) gemessen. Die Fähigkeit, Geräusche normal zu hören, kann für Menschen mit Demenz von entscheidender Bedeutung sein. Lärm dagegen kann für sie nicht nur eine schwere Belastung darstellen, sondern auch ihrer Gesundheit und ihrem Wohlbefinden schaden. Dass sich natürliches Licht und ein gut beleuchtetes Umfeld positiv auf die Gesundheit auswirken, ist inzwischen dank entsprechender Forschung bekannt. Wenig hat man sich dagegen bisher mit Geräuschen, Lärm und Gehör befasst. Wir können den Blick abwenden, wenn uns etwas blendet, und unsere Augen schließen, wenn wir schlafen wollen, aber wir können nicht unser Gehör abstellen, es sei denn, wir verwenden einen physischen Gehörschutz.

Der Gehörsinn lässt sich nicht nach Wunsch abschalten.
Wir haben keine Ohrenlider.
R. Murray Schafer[1]

Für die Akustikplanung ist es hilfreich zu verstehen, wie das Ohr altert und das Gehör sich im Laufe des Lebens verschlechtert. Laut RNID 2010 (früher Royal National Institute for Deaf People, inzwischen Action on Hearing Loss) ist bei mehr als 70 % der Menschen über 70 Jahren eine Minderung der Hörfähigkeit festzustellen; mehr als ein Drittel erleidet einen mittleren Gehörverlust.

Der Vorgang des Hörens verläuft in drei Phasen: der Wahrnehmung, der Lokalisierung und der Auswertung.

Gediegene Atmosphäre. Akustikdecke im Restaurant der Seniorenresidenz Multengut, Bern (Schweiz). Burkhalter Sumi Architekten, 2004

- Die Wahrnehmung ist das reine Bemerken eines Geräusches.
- Bei der Lokalisierung wird die Richtung bestimmt, aus der das Geräusch kommt.
- Die Auswertung ist die Fähigkeit, das Geräusch einzuordnen und es zu benennen.

Das Gehirn versucht, diese Phasen aus Nervenimpulsen auszulesen, die der simple Hörmechanismus erzeugt, wenn sich bewegende Luftmoleküle auf dem Trommelfell Vibrationen verursachen, die dann über drei miteinander verbundene Knöchlein im Innenohr auf die Cochlea (Hörschnecke) übertragen werden. Dieser Prozess kann erheblich eingeschränkt sein, wenn das Gehirn von Demenz betroffen ist: Hören wird zum Verwirrspiel. Daher ist es wichtig, Geräusche so eindeutig wie möglich zu halten und alle unnötigen Geräusche zu eliminieren.

Unser Gehör strukturiert und artikuliert das Verstehen von Raum.
Juhani Pallasma[2]

Sind wir uns in unserem Alltagsleben bewusst, wie erschreckend viele Menschen vom gesellschaftlichen Leben ausgeschlossen sind und nicht verstehen können, was um sie herum passiert? Hintergrundgeräusche in einem lebhaften Café, ein Sitzplatz am Ende eines langen, schmalen Esstisches – all dies führt dazu, dass ältere Menschen im Allgemeinen und Menschen mit Demenz im Besonderen zunehmend isoliert werden und

aufs Abstellgleis geraten. Die Unterschiede zwischen Tag und Nacht verdienen dabei besondere Beachtung: Geräusche, die tagsüber kaum hörbar sind, können nachts, wenn alles leiser ist, als sehr viel lauter und störender empfunden werden.

Manchen Menschen mit Demenz bereitet es Schwierigkeiten, wenn sie allzu verschiedenen Geräuschquellen ausgesetzt sind, etwa wenn sie im Fernsehen Ballett schauen, während aus dem Radio ein Sportkommentar dröhnt. Zu Verwirrungen kann es auch führen, wenn sich akustische nicht mit visuellen Eindrücken decken, wie es bisweilen vorkommt, wenn man sich einen alten Film anschaut, in dem die Lippenbewegungen verraten, dass Bild- und Tonspur nicht synchron laufen.

Wie wichtig es ist, sich um gute akustische Bedingungen zu bemühen, zeigen Forschungen, die die positiven Auswirkungen eines besseren akustischen Umfeldes belegen:

- geringeres Bluthochdruckrisiko[3]
- Vermeidung der Erhöhung von Puls, Atmungsrate und Cholesterinspiegel
- verbesserte Schlafqualität[4]
- reduzierte Einnahme von Schmerzmitteln[5]
- reduzierte Zahl von Wiedereinlieferungen ins Krankenhaus
- verbessertes Wohlbefinden unter den Pflegekräften und verbesserte „gefühlte" Leistungsfähigkeit

– Befähigung zur Kontaktaufnahme und Kommunikation[6]
– verbesserte Konzentration und Koordination

Das Dementia Services Development Centre an der Universität im schottischen Stirling hat die nachfolgende Liste mit fünf wichtigen Forderungen zum Thema Akustik erstellt,[4] die von Architekten bei der Gestaltung von Räumen und Umfeldern im Inneren von Gebäuden berücksichtigt werden sollten.

1. Geräuschquellen vermeiden
Bei der Planung eines Gebäudes ist es wichtig, die Umgebung im Hinblick auf mögliche äußere Geräuschquellen mit einzubeziehen, wie etwa Verkehr (Kraftfahrzeuge, Flugzeuge, Eisenbahnen, Rettungsfahrzeuge etc.) oder nahe gelegene Anlagen und Einrichtungen, die Ursache für inakzeptable Geräuschpegel sein können (Fabriken, Sportstätten, Kinos, Kneipen, Clubs etc.)

Berücksichtigung sollten aber auch Geräuschquellen im Gebäudeinneren finden. Atrien, Gänge, Aufenthaltsbereiche und Bewegungsräume, Dienstzimmer und diverse Arbeitsbereiche (Anlieferung, Küche, Wäscherei) – sie alle können Ursache für einen erhöhten Geräuschpegel sein und es Menschen mit Demenz erschweren, sich in ihrem akustischen Umfeld zurechtzufinden.

2. Struktur und Konstruktion in Einklang bringen
Absorption, Dämmung und Isolierung sorgen für eine Minimierung von Geräuschen und Lärm in Gebäuden. In größeren Räumen sind dementsprechend größere absorbierende Oberflächen vorzusehen, wie Paneele oder Deckenfliesen, um den Hall auf ein erträgliches Maß zu reduzieren. Die Übertragung von Schall aus lauten in stille Räume können schalldichte Trennwände und schwimmend verlegte Böden vermindern. Dass Geräusche nicht von Raum zu Raum übertragen werden, lässt sich aber auch entscheidend durch eine wohlüberlegte Positionierung und Ausgestaltung von Türen und Fenstern steuern.

3. Nachhallzeit berücksichtigen
Die Größe des Raumes ist ein wichtiger Faktor, denn größere Volumina erzeugen längere Nachhallzeiten. Dies wiederum wirkt sich auf die Fähigkeit aus, sich an Gesagtes zu erinnern.[4] Über absorbierende Materialien, Vertäfelungen und Verkleidungen kann man die Nachhallzeit beeinflussen. Hierbei ist es wichtig zu wissen, dass ein Hörer reflektierte Geräusche als Echo wahrnimmt, wenn sie ihn mit einer Verzögerung von mehr als 0,06 Sekunden erreichen.

4. Sehen verbessern
Menschen mit Hörbehinderung sind im Alltagsleben verstärkt auf visuelle Orientierungshilfen angewiesen.[4] Deshalb benötigen sie ausreichende Mengen an natürlichem und künstlichem Licht. Kleinere Räume wirken sich in der Regel günstig auf das Sehen aus, weil Mauern und Wände, Möbel und Menschen naturgemäß näher sind. Laut RNID lesen die meisten von uns von den Lippen ab, wenn sie einem Sprecher zuhören. Deshalb ist es sinnvoll, Sitzgelegenheiten so anzuordnen, dass Menschen mit Demenz bei einer Unterhaltung einander gegenübersitzen können, denn eine solche Anordnung fördert das Hören und Verstehen des Gesagten.

5. Unterstützende Technik verwenden
Wie sehr eine Reihe unterstützender Technologien die Akustik verbessern kann, lässt sich in einem kurzen Beitrag wie diesem nicht darstellen. Es ist allerdings zu bedenken, dass von akustischen Betriebs- und Warnsignalen erzeugter Lärm Menschen mit Demenz sehr verängstigen oder verunsichern kann, da sie nicht verstehen, was passiert, und in Panik geraten können.

Dass es wichtig ist, bei der architektonischen Gestaltung von Räumen auch die Qualität der akustischen Umgebung zu berücksichtigen, fasst das folgende Zitat treffend zusammen:

Die Bewahrung vor Lärm ist eine der löblichsten Eigenschaften, die ein Gebäude haben kann.
Vern Oliver Knudsen und Cyril M. Harris[7]

1 R. M. Schafer: *Open ears. Soundscape: The Journal of acoustic ecology.* 4 (2003), 2, S. 14–18.

2 J. Pallasmaa: *The eyes of the skin: architecture and the senses,* Chichester, 2005, S. 49.

3 V. Blomkvist et al.: „Acoustics and psychosocial environment in intensive coronary care", in: *Occup. Environ. Med.* 62 (2005), 3, S. 1–8.

4 S. Berg: „Impact of reduced reverberation time on sound-induced arousals during sleep", in: *Sleep* 24 (2001), 3, S. 289–292.

5 B. B. Minckley: „A study of noise and its relationship to patient discomfort in the recovery room", in: *Nursing Research* 17 (1968), 3, S. 247–250.

6 M. McManus, C. McClenaghan und Dementia Services Development Centre (University of Stirling): *Hearing, sound and the acoustic environment for people with dementia,* Stirling, UK 2010.

7 V. O. Knudsen und C. M. Harris: *Acoustical Designing in Architecture,* New York 1950.

Die unterschiedlichen Wandverkleidungen in den verschiedenen Wohngruppen wirken sich auf die Akustik aus. Kompetenzzentrum für Menschen mit Demenz, Nürnberg (Deutschland). Feddersen Architekten, 2006

altenheim
norra vram

Norra Vram, Schweden

Architektur
Marge Arkitekter AB

Bauherr
Partnergruppen AB

Planungszeit
12/2006–12/2007

Bauzeit
04/2008–12/2008

**Bruttogeschoss-
fläche**
1.400 m²
Erweiterung,
1.000 m²
Rekonstruktion,
Gesamtfläche
2.400 m²

Am Anfang des Projektes stand eine Analyse: Wie sind Altenheime üblicherweise gestaltet? Wie wirkt sich die Gestaltung auf das Miteinander von Bewohnern, Verwandten und Beschäftigten aus? Dann wurde untersucht, an welchen
Orten sich diese Zielgruppen gern treffen und wodurch sie Impulse aus ihrer
physischen Umgebung erhalten können. Halbprivate bis öffentliche Räume
wie ein Café, ein Hotel oder ein Museum wurden dabei genauso betrachtet wie
die Privatwohnung.

Einige Funktionen in diesen Bereichen konnten in einem Heim für ältere Menschen untergebracht werden – Nutzungen, die Begegnung und Austausch zwischen Menschen fördern und dem Ort ein Gefühl von Zuhause und Privatheit
verleihen.

Das Altenheim in Norra Vram besteht aus einem umgebauten und erweiterten
Landhaus aus dem 19. Jahrhundert. Die Gebäude orientieren sich an der Ästhetik
alter schwedischer Bauernhöfe, aber auch am Charakter der benachbarten Häuser. Einige der Stallungen stehen nebeneinander, wobei die Freiräume zwischen
ihnen als Lichthöfe genutzt werden. Kleine Gärten laden zum Verweilen an der
frischen Luft ein. Die unterschiedlichen Farben, in denen die Gebäude verputzt
sind, greifen die roten Backsteintöne des alten Landhauses auf.

Der erste Eindruck vom Innenraum ist der eines geräumigen und einladenden
Eingangsbereiches. Dieser für Veranstaltungen flexibel nutzbare Raum hat einen
Empfang, eine Bibliothek und eine kleine Espressobar. Von hier aus gelangt man
in drei Bereiche: für Kurzzeitpflege, für Menschen mit Demenz und für Menschen mit eingeschränkten physischen und mentalen Fähigkeiten. Alle Wohnräume grenzen an einen Gemeinschaftswohnraum oder einen begrünten Hof.
So weichen lange Gänge ansprechenden Orten der Begegnung und Kreuzungs-
punkten.

Verbund verputzter Häuser in Ziegelfarbtönen

Von Grünraum umgebener kleiner Stall

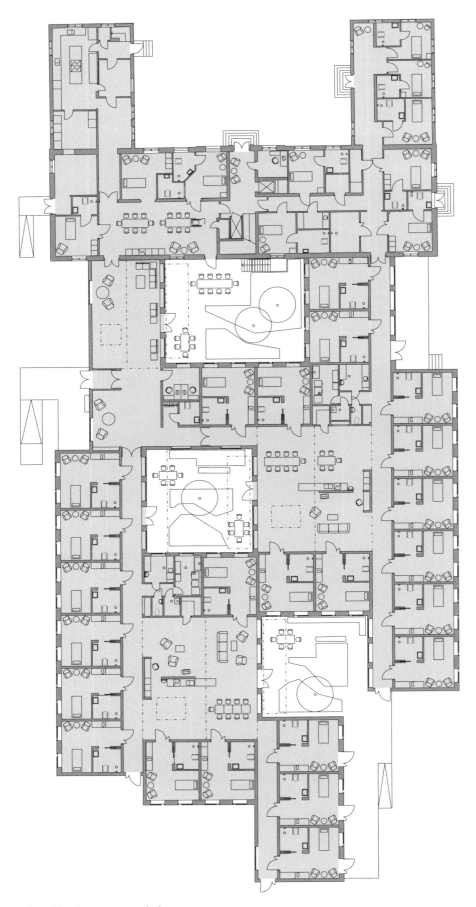

Grundriss der gesamten Anlage

Großräumiger, offener Bereich zur gemeinschaftlichen Nutzung

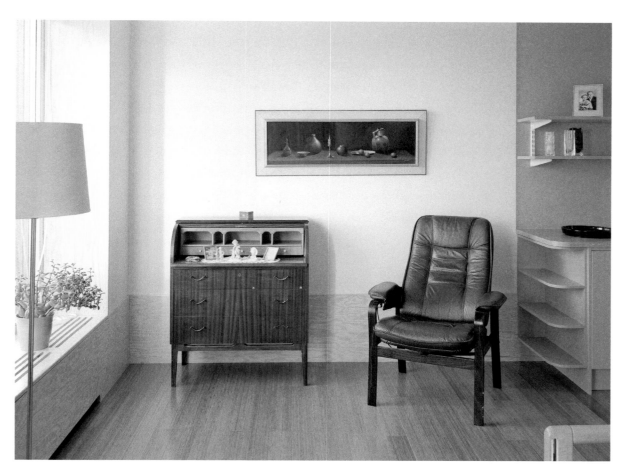

Geschützter, privater Raum und Rückzugsmöglichkeit

hanna
reemtsma haus

Hamburg, Deutschland

Architektur
Dipl.-Ing. Architekt
E. Schneekloth +
Partner

Bauherr
Stiftung Hanna
Reemtsma Haus

Planungszeit
04/2007–08/2011

Bauzeit
06/2008–11/2011

**Bruttogeschoss-
fläche**
22.660 m²

Das Hanna Reemtsma Haus in Hamburg-Rissen sollte nach fast 40-jähriger Geschichte als Altenheim neu konzipiert werden – mit dem Anspruch einer zeitgemäßen Seniorenwohnanlage, die sowohl das Bedürfnis nach Sicherheit im Alter als auch den Wunsch der Bewohner nach einem wohnlichen Umfeld erfüllt.

Das barrierefrei angelegte Ensemble gruppiert sich um ein Tageszentrum, in dem sich Gemeinschaftsräume, ein Restaurant, ein Musikraum, eine Kapelle sowie ein Festraum befinden – unterirdisch miteinander verbunden durch eine Tiefgarage. Das Tageszentrum bildet die räumliche Mitte der Anlage – eingefasst von den fünf villenähnlichen Einheiten mit insgesamt 59 Zwei- und Dreizimmerwohnungen und einem Wohnpflegehaus mit drei stationären Wohngruppen.

Hier finden sich insgesamt 41 Apartments ergänzt um Wohnküchen, Empfangs- und Wohnzimmerbereiche. Das Belichtungskonzept und die klare Grundriss-gestaltung sollen den betagten Bewohnern Orientierung und Sicherheit geben. Die anspruchsvolle Gestaltung und Ausstattung der Häuser wird etwa durch die handwerklich hochwertig ausgeführte Fassadengestaltung mit regionaltypischem Ziermauerwerk unterstrichen. Diese Bauweise ist auch in technischer Hin-sicht nachhaltig und zukunftsweisend. Unter Nutzung regenerativer Energien, wie dem eigenen Holzhackschnitzelwerk im Westen des Grundstückes und einer Solaranlage, ist eine sich selbst versorgende und Energie einsparende Wohnanlage entstanden.

Die hochwertige Innenraumgestaltung spiegelt sich ebenso im Außenraum wider, der sich über den Hofgarten mit Südterrasse und einen großzügigen Park im Norden der Anlage erstreckt. Das Ensemble weckt mit altem Baumbestand und einem Teich Assoziationen eines gewachsenen Dorfes.

Ein Rundweg führt entlang verschiedener Attraktionen wie z. B. dem Sinnes-garten, der zu Kontemplation einlädt, und dem Bouleplatz für gemeinsames Spiel. Das Konzept „Wohnen im Park" endet nicht an der Grundstücksgrenze, das Naturschutzgebiet Schaakenmoor und das Wildgehege Klövensteen sind direkt zugänglich und befinden sich in unmittelbarer Nähe der Seniorenwohnanlage.

Markant und zeichenhaft. Ansicht Servicezentrum

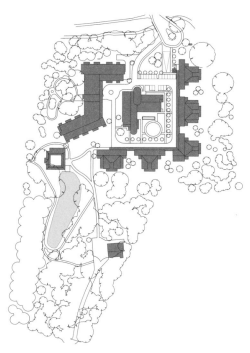

Lageplan

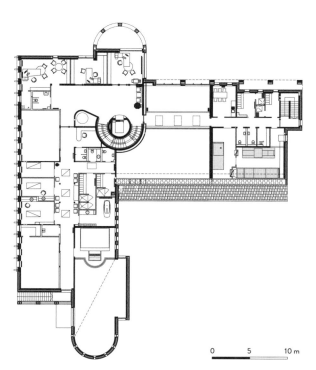

Grundriss Tageszentrum Erdgeschoss

0   5   10 m

Wohnpflegehaus von Südosten

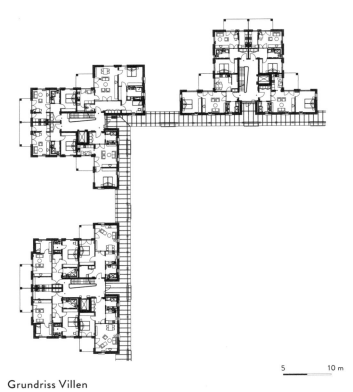

Grundriss Villen

5   10 m

Die Villen verbindender, überdachter Wandelgang

haus gairola

Gurgaon, Haryana, Indien

Architektur
Anagram Architects

Planung
06/2008–02/2009

Fertigstellung
02/2009

**Bruttogeschoss-
fläche**
523 m²

In den meisten indischen Städten besteht die typische Mehrfamilien-Wohnein-
heit aus einem Doppelhaus mit Einfamilienwohnungen auf einem Grundstück im
Vorort- oder Stadtrandgebiet. Diese Entwicklung geht mit der unausweichlichen
Agglomeration solcher – geplanter oder ungeplanter – Grundstücksbebauungen
innerhalb des Zersiedlungsgebietes einher. Indem der Stadtrand nach außen
drängt, entsteht auch hier eine urbane Verdichtung, die das eigentliche Stadtzentrum in den Hintergrund treten lässt. Der aus diesem Prozess der Urbanisie-
rung resultierende Mietpreisanstieg führt dazu, dass Wohngebäude in mehrere
Mieteinheiten geteilt werden.

Die Einfamilienwohnung der Vorstadt entspricht für gewöhnlich dem Muster
eines Hauses mit Innenhof, bei dem vor allem die Privatsphäre und ein Maxi-
mum an Wohnfläche wichtig sind. Wenn derart geschlossene Grundstücke das
städtische Gefüge ausmachen, sind soziale Beziehungen mit der Nachbarschaft
auf den Plausch über die gemeinsame Grundstücksmauer beschränkt. Aus dieser
Wohnungstypologie entwickelt sich oft eine Schichtung aus zwei, drei Stockwerken mit ähnlichen oder identischen Grundrissen und einem gemeinsamen
Treppenhaus. Die Rolle, die in diesem Fall Treppenhaus, Hof und Rücksprünge
als Orte der Begegnung übernehmen können, wird häufig übersehen.

Die Idee war es, diese Objekte ausschließlich für den Vermietungsmarkt zu bauen.
Der Entwurf versucht, ein extrovertiertes Mehrparteien-Wohnhaus zu schaffen,
dessen nach außen gerichtete Volumina als gemeinsam genutzte Ressourcen
(für Licht und Belüftung) ausgeschöpft werden, die einen dynamischen, sozial
vernetzten, urbanen Lebensstil begünstigen und gleichzeitig dem Bedürfnis nach
Privatsphäre und Individualität gerecht werden. Um die Vermietungschancen
zu vergrößern, wurde das Haus als eine Kombination aus einer Maisonettewoh-
nung mit vier Schlafzimmern, einer Ein-Etage-Wohnung mit zwei Schlafzimmern und einer Dachwohnung mit einem Schlafzimmer konzipiert. Damit wurde
der typischen Mieterschaft aus Familien, jungen Paaren und alleinstehenden
Berufstätigen oder Studenten Rechnung getragen.

Da die Grundrisse der Wohnungen nicht identisch sind, bilden der gemeinsame Hof und die Frontrücksprünge keine würfelförmigen Volumina, sondern vielschichtige, Interaktion begünstigende Räume. Dass das Volumen des Frontrücksprunges in zahlreiche räumliche Cluster mit hohem Vernetzungsgrad aufgespalten wird, ermöglicht eine geschickte Gestaltung mit eingeschlossenen und offenen Volumina. Das mit dem zentralen, stufigen Hof verwobene, offene Treppenhaus wird zum gemeinschaftlich genutzten Kommunikationsraum. Große Sorgfalt wurde darauf verwandt, die gesteigerte „visuelle Vernetzung" auf die gemeinschaftlich genutzten Räume der Wohnungen zu beschränken. Dank des überdachten abgesenkten Hofes, der Veranda und des Terrassendachgartens hat jede Wohneinheit ihren eigenen Außenbereich. Jede Wohnung ist so gestaltet, dass sie ein unverwechselbares Zuhause bietet und gleichzeitig einen sozial vernetzten Lebensstil ermöglicht.

Unterschiedliche Materialien verstärken den Wechsel zwischen offenen und geschlossenen Volumina.

Terrassen an der westlichen Fassaden

Offener Hof im Innern des Gebäudes

haus
der sinne

Wahrnehmung
und Gedächtnis

Beth Tauke

Sinnesreize können Erinnerungen auslösen. Eine Gruppe von Neurowissenschaftlern unter britischer Leitung hat unlängst in einer Studie nachgewiesen, dass man, wenn man einen der Sinne stimuliert, um eine Erinnerung zu wecken, auch andere Erinnerungen wachruft, die mit anderen Sinnen verknüpft sind.[1]

Sinnessystem

Zu den Sinnen zählen nach der gängigen Klassifizierung Sehen, Hören, Riechen, Schmecken und Fühlen. Dieses Verständnis ist zwar sehr verbreitet; zielführender für die Anwendung bei Entwurfsaufgaben ist jedoch James J. Gibsons Modell, zu dem visuelle, auditorische, Geschmacks- und Geruchs-, Grundorientierungs- sowie haptische Systeme zählen. Das Modell betrachtet Raum als integralen Bestandteil der Sinneswahrnehmung, wobei es Raum definiert als die sensorischen Erfahrungsbereiche, in denen Menschen, Gegenstände und Geschehnisse miteinander in Beziehung stehen. Jedes dieser Systeme hat seine eigene räumliche Komponente, deren Beziehung zu den anderen Sinnen ebenfalls räumlich ist. In Gibsons Modell ist die Umwelt grundlegend für unsere Fähigkeit, sensorische Informationen aufzunehmen. Gibsons erweiterte Kategorisierung der Sinneswahrnehmung bildet die Grundlage, auf der Entwurfsstrategien angewendet und evaluiert werden können. Sein System postuliert einen Rahmen für gebäudeinterne oder in Außenanlagen integrierte Sinnesverstärkungen wie Erinnerungsnischen, Geräuschgärten und Tastreize. Diese Merkmale wecken Erinnerungen und haben somit einen Einfluss auf die Lebensqualität.

Das visuelle System

Das visuelle System dominiert die Gestaltung der gebauten Umwelt, vor allem in medienbasierten Kulturen. Entsprechend setzt die Architektur daher vor allem auf die Optik. Juhani Pallasmaa warnt vor den potenziellen Gefahren dieser Ungleichgewichtung: „In der Baukunst war die Vorliebe für das Visuelle nie ausgeprägter als in den vergangenen dreißig Jahren. Seither dominiert eine Form der Architektur, die darauf ausgelegt ist, außergewöhnliche und bleibende visuelle Eindrücke zu schaffen. Statt dass sie existenziell begründete plastische und räumliche Erfahrungen bieten, sind Bauwerke zu selbstdarstellerischen Produkten verkommen, die jegliche existenzielle Tiefe und Aufrichtigkeit vermissen lassen."[2] Wenn Gestalter sich dem Potenzial, Informationen über andere Sinneskanäle erfahrbar zu machen, verweigern, kann die Übermacht der visuellen Stimulation zum Problem werden.

Obwohl in unserer Kultur die Optik überbeansprucht wird, kann uns ihr direkter Einsatz zu Hause das Leben erleichtern und schöner machen. Wenn eine Lichtplanung beispielsweise

Lebensnotwendiges neu denken. PARK SERA: „The composition for a chocolate bread 2", PRAC.TICAL.COURSE, 2012

verschiedene Beleuchtungsarten und -stärken vorsieht, die bestimmten Tätigkeiten zugewiesen sind, dann trägt das dazu bei, dass die meisten Menschen auf die erforderliche visuelle Information zurückgreifen können. Besonders Alzheimerpatienten reagieren positiv auf Vollspektrumbeleuchtung[3] und benötigen zusätzliche, nichtblendende Lichtquellen im gesamten Haus. Schwach beleuchtete Bereiche können verwirrende Schatten entstehen lassen, in denen selbst Alltagsgegenstände nicht mehr erkannt werden.[4] Dem beugen gleichmäßig ausgeleuchtete Räume vor.[5]

Ein weiteres Hilfsmittel setzt auf die Kantenbetonung mithilfe von Licht- und Farbkontrasten. Treppen mit sichtbar gemachten Stufen, beleuchtete Handläufe und automatische Beleuchtung mit Bewegungsmeldern am Fuß der Treppe und an ihrem oberen Ende sorgen für eine gleichmäßige Ausleuchtung des gefahrenträchtigsten Bereiches einer Wohnung. Licht und Farbe spielen für unser physisches und psychisches Wohlbefinden eine zentrale Rolle. Diverse Studien belegen, dass ein Mangel an Tageslicht oder künstlicher Tageslichtbeleuchtung die Ursache für Stimmungs- und Verhaltensschwankungen sein kann und dass sich eine Innenbeleuchtung, die jahreszeitlich bedingte schwache Lichtintensitäten ausgleicht, auf einen beträchtlichen Bevölkerungsanteil positiv auswirkt.[6] Deshalb ist es wichtig, einerseits auf die richtige

Lichtintensität zu achten, andererseits auch auf eine Planung der Beleuchtungszeiten.

Farben haben ebenfalls Einfluss darauf, wie wir aufnehmen und verarbeiten, was wir sehen. Mit der Alterung ihrer Augen können zwar die meisten Menschen auch zunehmend schlechter Farbkontraste wahrnehmen, Alzheimerpatienten erfahren aber einen noch größeren Verlust: Ihnen fällt es schwer, Farben im Blau-Violett-Spektrum zu unterscheiden.[7] Entsprechend ist es hilfreich, hohe Kontraste vorzusehen, die, losgelöst von Farbschattierungen, der Informationsvermittlung dienen. So ist es immer besser, wenn sich Handläufe oder Haltegriffe von der Wand deutlich abheben. Vollflächige Farben – hellere für Wände und dunklere für Böden – sind weniger verwirrend als Muster und Motive.

Das auditorische System

Wir hören uns selbst, andere, Gegenstände in unserer Umgebung (die Eisenbahn in der Ferne), und wir hören den Raum selbst oder besser gesagt: Wir merken, wie die Schallwellen auf ihrem Weg auf Oberflächen und Gegenstände reagieren. An sich kann das auditorische System den Raum erstaunlich gut erfassen. Schall kann bei der Orientierung sehr nützlich sein. Auch wenn wir es uns selten bewusst machen: Wir haben die Fähigkeit, „akustische Eigenschaften von Gegenständen und Geometrien in ein sinnvolles dreidimensionales inneres Bild eines äußeren Raumes zu übersetzen. [...] Hörer, die sich an Orten ohne Licht bewegen müssen, können höchstwahrscheinlich [...] offene Türen, nahe Wände und Hindernisse erkennen."[8]

Auf Raum- und Bauakustik spezialisierte Architekten beschäftigen sich häufig mit der Gestaltung von Konzertsälen, Theatern und öffentlichen Räumen, bei denen der Klang für das Programm des Gebäudes oder der Anlage eine tragende Rolle spielt. Nicht weniger bedeutsam ist jedoch die Akustikplanung für Wohnräume. Durch sie können Geräusche minimiert, Rückzugs- und Begegnungsbereiche definiert, Hinweis- und Warnsignale unterstützt oder Räume für besonderen Klanggenuss geschaffen werden. Lärmschutzelemente reduzieren die Nachhallzeit, mildern die Lärmübertragung, vermindern Trittschall und minimieren Hintergrundgeräusche.[9] Architekten können schalldämpfende Oberflächen wie Stoffe, Akustikbaustoffe und Pflanzen zum Einsatz bringen, Hohlräume in Wänden und Decken mit schallabsorbierenden Isolierungen auskleiden oder Vollspantüren mit Bodendichtungen für Räume einplanen, die als Ruhezonen dienen sollen. Akustik ist in der Lage, materielle, räumliche und funktionale Eigenschaften zum Ausdruck zu bringen. In Eigenheimen weist sie oftmals auf das Programm der jeweiligen Räume hin. So sind etwa die Böden in Badezimmern häufig gefliest, um die Aufnahme von

Wasser zu verhindern. Das klatschende Geräusch von Wasserspritzern auf den Fliesen oder das Klacken der Zahnbürste im Waschbecken weisen das Bad als Ort der Reinigung aus. Derlei Geräusche sind uns vertraut, und einem Alzheimerpatienten kann diese Vertrautheit Halt geben.

Rauchmelder, Küchenwecker und viele andere Haushaltsgeräte sind ohne akustische Signale undenkbar. Wir verlassen uns auf diese Systeme, um ein sicheres und effizientes Zuhause zu haben. Besonders wichtig ist dabei der Schallbereich dieser Geräte. Im Allgemeinen können wir Frequenzen zwischen 20 und 20.000 Hertz zwar hören, aber das ändert sich in Abhängigkeit von Alter, berufsbedingten Gehörschäden und Geschlecht. Auf Frequenzen zwischen etwa 1.000 und 3.500 Hertz reagiert das menschliche Ohr am empfindlichsten.[10] Deshalb sollten alle Warnsysteme diese Bandbreite abdecken. Akustische Warnvorrichtungen sollten alternativ auch andere sensorische Hinweise anbieten, wie etwa Leucht- und/oder Bewegungseffekte. Das Schwierige an Warnsystemen ist, dass Menschen mit Demenz von derartigen Alarmsignalen häufig aufgeschreckt werden und, statt entsprechend zu reagieren, entweder wie gelähmt sind oder in Panik geraten. Hier wird es weiterer Testreihen bedürfen, um belastbare Empfehlungen aussprechen zu können. „Genauso wie optische Verschönerungen an einem Raum dem Auge ein ästhetisches Vergnügen

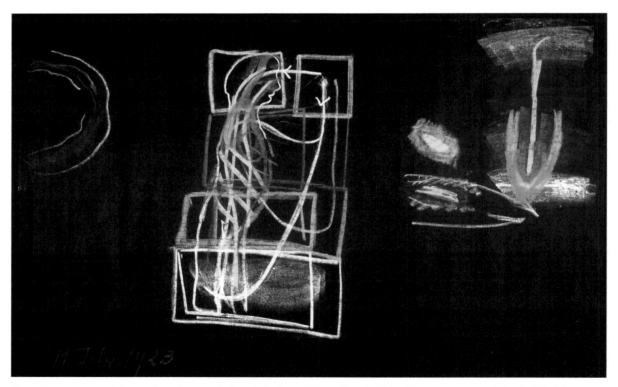

11.2.1923 „Der unsichtbare Mensch in uns". Rudolf Steiner: Tafel 3, Band XII der Gesamtausgabe, „Wandtafelzeichnungen zum Vortragswerk"

bereiten können", rufen uns die Akustikexperten Blesser und Salter ins Gedächtnis, „so können auch akustische Verschönerungen dem Ohr schmeicheln, indem sie uns die gesamte Klangfülle des Raumes erschließen."[11] Wenn es um die akustischen Eigenschaften von Wohnungen geht, können wir aber auch über eine Geräuschverminderung, -isolierung und -absorption hinausgehen und uns mit positiver Akustikplanung befassen.[12] Denn richtig eingesetzt, können Klänge und Musik auch Stimmungen beeinflussen, stressbedingter Unruhe entgegenwirken, uns zu positiven Tätigkeiten anspornen, das Denkvermögen fördern und motorische Bewegungen koordinieren helfen. Reaktionen auf Klänge werden vom motorischen Zentrum des Gehirnes gesteuert, das akustisch-rhythmische Reize direkt erwidert. Bei der Entwicklung einer Klangpalette für eine Wohnung sollten Planer deshalb nicht nur physisch-räumliche Maßnahmen zur Gewährleistung der Klangqualität ausarbeiten, sondern in der Beratung mit den Bewohnern die für sie förderlichsten und angenehmsten Einstellungen und Lautstärken ermitteln.

Das Geschmacks-/Geruchssystem

Nach Gibson sind mit dem Geschmacks- und Geruchssinn zwei voneinander abhängige Wahrnehmungen in einem System vereint, das für unser Verlangen nach Nahrungsaufnahme und die Warnung vor diversen Gefahren zuständig ist.[13] Es bestimmt unsere Vorlieben und Abneigungen und beeinflusst auf diese Weise unser Handeln und Fühlen. Starke Korrelationen hat man zwischen Geschmacks-/Geruchssystem und Aufmerksamkeit, Reaktionszeit, Stimmung und Gefühlszustand festgestellt.[14] Geschmack/Geruch kann die Erinnerung an Begriffe und Erfahrungen stimulieren. Gerüche sind bekannt für ihren großen Einfluss auf kontextuelle Abrufreize, nicht nur für das autobiografische Gedächtnis, sondern auch für alle möglichen anderen Gedächtnistypen wie das visuell-räumliche Gedächtnis.[15] Planer vernachlässigen häufig Geschmack/Geruch als Bestandteil der räumlichen Definition. „Gerüche verleihen Gegenständen und Orten Charakter", gibt der Geograf Yi-Fu Tuan zu bedenken. „Sie machen sie unterscheidbar, leichter identifizierbar und einprägsamer."[16] Jede Wohnung hat ihren eigenen Geruch. Verschiedene Materialien, darunter Holz, verleihen Räumen eine Geruchsnote. Wieder andere, z. B. Textilien, speichern die Gerüche des Bewohntwerdens. Die Tätigkeiten der Bewohner können den Geruch jedes einzelnen Raumes bestimmen, umgekehrt lässt sich oft an dem Geruch erkennen, wofür ein Raum genutzt wird. Das Geschmacks- und Geruchssystem kann sogar als Gestaltungselement für eine Wohnung dienen. Baustoffe können unterschiedliche Räume mit spezifischen Düften kenntlich machen. So könnten in Räumen duftende Materialien wie Sandelholz oder duftreflektierende Materialien wie Porzellan oder Glas zum Einsatz kommen. Der Geruchssinn kann auch Verhalten und Stimmung beeinflussen.[17] Die Industrie setzt schon seit längerem Düfte zur Beeinflussung der Leistungsfähigkeit ein. So wurden etwa Pfefferminz- und Zitrusaromen in Lüftungsanlagen gegeben, um die Produktivität der Mitarbeiter zu steigern.[18] Die Verwendung von Düften in verschiedenen Wohnbereichen kann auch uns selbst beeinflussen. So kann etwa der Geruch von frisch gebackenem Brot unseren Appetit anregen. Der Einsatz von Aromen wie Kamille, die für ihre beruhigende Wirkung bekannt ist, wäre z. B. in Schlafzimmern denkbar. In Büros könnte man Materialien verwenden, die Zypressenduft abgeben, um die Wachsamkeit zu steigern. Um effektiv zusammenwirken zu können, bedarf es allerdings bei der Planung von Geschmacks- und Geruchssystemen einer gewissen Zurückhaltung, Ausgewogenheit und Präzision.

Beeinträchtigungen in der Erkennung und Unterscheidung von Geschmack und Geruch zählen zu den frühesten Symptomen von Alzheimer. Die Veränderungen im Geruchssystem ähneln denen in anderen Gehirnregionen, vollziehen sich allerdings schneller.[19] Dieser Verlust setzt zwar früh ein, doch selten verlieren Alzheimerpatienten diesen Sinn vollständig. Außerdem sind Geschmack und Geruch die unmittelbarsten Wahrnehmungen, und sie können Erinnerungen wecken. Deshalb sollten Planer zunächst ermitteln, welche Geschmäcker und Gerüche positiv auf die Bewohner wirken, und dann ggf. Geruchsmerkmale einplanen, die das Gedächtnis anregen.

Wichtiger noch ist Flexibilität bei einer Gestaltung mithilfe von geschmacks- und geruchsbezogenen Elementen, um Menschen mit aerogener Reizempfindlichkeit und olfaktorisch-gustatorischen Störungen Rechnung zu tragen. So erlauben beispielsweise Luftfilterungssysteme Bewohnern, über die Einstellung von Luftdurchsatz und -reinigung die Art und Intensität der Düfte in den einzelnen Wohnräumen zu steuern. Darüber hinaus müssen Gefahren, die üblicherweise über den Geruchssinn erkannt werden, wie etwa ausströmendes Gas, von zusätzlichen Warnsystemen unterstützt werden, die andere Sinne ansprechen. Ein beeinträchtigter Geschmacks- und Geruchssinn kann auch zu Desinteresse an Nahrung führen. Sensoren, die Gerüche von Nahrungsmitteln überprüfen, können dann auf Probleme im Zusammenhang mit der Essenszubereitung hinweisen. Die inklusive, auf das Geschmacks- und Geruchssystem abgestimmte Wohnraumplanung ist eine komplexe Aufgabe, weil von ihr so viele unterschiedliche Bereiche berührt werden. Deshalb tun Planer gut daran, sich auf Innovationen zu konzentrieren, die anpassungsfähig sind und die Einbindung von Geschmack oder Geruch in einer Weise ermöglichen, dass sich ihre vielen Vorteile optimal nutzen lassen.

Eingangsnischen und Bewohnerpaneele markieren die eigene Adresse und verstärken die Identifikation. Kompetenzzentrum für Menschen mit Demenz, Nürnberg (Deutschland). Feddersen Architekten, 2006

Das Grundorientierungssystem

Das Grundorientierungssystem ermöglicht es uns, unsere Situation im Raum zu begreifen. Es gibt uns ein Gefühl von oben/unten und links/rechts, woraus sich wiederum unsere Körperhaltung und unser Gleichgewicht ableiten. Gibson führt aus, dass mit dem Grundorientierungssystem eine „Grundform der Wahrnehmung einhergeht, auf der die anderen Wahrnehmungen aufbauen, also die Erkennung des stabilen, beständigen Rahmens, den unsere Umwelt uns bietet [...] ein latentes, grundlegendes und unaufhörliches Bewusstsein davon, was auf der Welt Bestand hat."[20] Dieses System begründet in uns ein Gefühl für die Schwerkraft und die uns tragende Oberfläche, für die Unterscheidung zwischen dem Himmel über uns und dem Boden unter uns; es hilft uns dabei, den Horizont zu bestimmen, den Ort von Geschehnissen und Gegenständen in der Umgebung zu bestimmen, uns gerichtet fortzubewegen und uns geografisch zu orientieren.

Zusammen mit dem haptischen System, so Gibson, ist das Grundorientierungssystem hauptsächlich für unsere dreidimensionale Wahrnehmung des Raumes zuständig. Dieser Sinn befähigt uns dazu, den Körper mithilfe der Schwerkraft im Gleichgewicht zu halten. Unterbewusst bestimmen wir die Kanten und Konturen von Objekten und ermitteln mögliche Bewegungen. Die gebaute Umwelt wird zur Kontrollinstanz für die fortwährend ihre Position verändernden Körper, wodurch wir immer neue räumliche Konstellationen erfahren können. Dieser Prozess bereichert kontinuierlich unser Ortungsvermögen.

Um dem Grundorientierungssystem in der Wohnung gerecht zu werden, benötigen die Bewohner Referenzpunkte, damit sie ihre umgebenden Räume verstehen können. Der Hauseingang ist dabei ein besonders wichtiger Bezugspunkt, den man auch als solchen erkennen können muss. Um das zu erreichen, kann man beispielsweise für die Tür eine markante Farbe wählen, sie mit einem Vordach versehen und dergleichen mehr. Wichtig ist auch, dass die wechselseitige Beziehung von Innen und Außen deutlich wird: Fenster könnten etwa so platziert werden, dass man beim Blick nach draußen die Horizontlinie oder den Sonnenstand bestimmen kann. Ein luftig-durchlässiger Grundriss kann dazu beitragen, dass Geräusche von der Vorder- und von der Rückseite in die Wohnung dringen, sodass sich die Ausrichtung des Hauses bestimmen lässt. Die Grundorientierung erzeugt ein Gefühl der Stabilität und erfordert daher eine multisensorische Strategie. Unser Grundorientierungssystem ist eng mit dem Gedächtnis verbunden. Zu den primären kognitiven Karten zählt in der Regel auch die räumliche Orientierung im Zuhause. Deshalb kann es Menschen mit nachlassendem Gedächtnis auch verwirren, wenn sie in eine neue Wohnung mit einer anderen Raumaufteilung ziehen müssen. In solchen Fällen könnte ein Plan mit intuitivem Grundriss sinnvoll sein.

Das haptische System

Das haptische System gilt als die „Mutter der Sinne". Die Haut ist unsere direkteste Verbindung zur Welt. Wir erfühlen Räume mithilfe unseres haptischen Systems. Dennoch sehen Planer über die Bedeutung von Berührung, Druck und Temperatur allzu oft hinweg. Mit dem Älterwerden verlieren unsere Sinne an Genauigkeit. Entsprechend müssen wir uns zunehmend auf haptische Reize verlassen, da sie am stärksten ortsgebunden sind. Taktile Stimulation hat eine positive Wirkung auf Menschen mit Alzheimer. Eine Studie in den Niederlanden hat unlängst gezeigt, dass Patienten, die taktil stimuliert wurden, unmittelbar davon profitierten: Sie fühlten sich weniger deprimiert und ängstlich, waren besser gelaunt und aufmerksamer. Die Orientierung in ihrer Umgebung fiel ihnen leichter. Sie zeigten mehr Interesse an Gesellschaft und beteiligten sich häufiger an alltäglichen Aktivitäten.[21] Je weiter die Krankheit fortschreitet, desto wichtiger wird die Haptizität. Einem Menschen, dem die Sinne geschwunden sind, kann es ein großer Trost sein, ein Haustier zu streicheln oder weichen Stoff zu berühren.

Haptisch sensitive Strategien in der Wohnarchitektur können andere sensorische Modalitäten überbrücken. Das Fühlen bestimmter Materialien verweist auf bestimmte alltägliche Verrichtungen. So besteht das Schlafzimmer häufig aus weicheren, wärmeren Materialien und kennzeichnet damit den Ort der Ruhe. Oberflächen in der Küche sind dagegen häufig härter und stehen damit für Aktivitäten wie Essenszubereitung und Putzen. Der Umweltpsychologe Edward T. Hall räumt ein, wie wichtig das ist, merkt aber auch an, dass die „Struktur von Oberflächen an und in Gebäuden [...] selten das Ergebnis bewusster Entscheidungen [ist]. Unsere [...] Umwelt bietet also wenige Gelegenheiten, ein kinästhetisches Repertoire räumlicher Erfahrungen aufzubauen."[22] Inklusive architektonische Verfahren lenken die Aufmerksamkeit auf das haptische System, und das ist nirgends sinnfälliger als zu Hause. Ein neues Denken in der Planung der Wohnumgebung, das insbesondere auch das Fühlen in den Blick nimmt, erweitert den Personenkreis, für den Unterstützung möglich wird, und liefert detailliertere Informationen über dessen Lebensumfeld. So können beispielsweise variierende Fußbodenstrukturen unterschiedliche Bereiche kenntlich machen und so die Wohnung dezent und doch effizient einteilen. Die Temperatur des Fußbodens lässt sich regulieren, um jahreszeitliche Schwankungen auszugleichen. Handläufe können mit einer Struktur versehen werden, die einen Schrittrhythmus oder Anfänge und Enden andeutet. Oberflächen, mit denen Menschen in Berührung kommen, können sicherer gemacht werden, etwa mit rutschfesten Böden in Badewannen und Duschen. Armaturen können verhindern, dass das Wasser zu heiß oder zu kalt wird. Die Potenziale des haptischen Systems im Wohnumfeld auszuschöpfen, bedeutet aber auch, alle Fähigkeiten des eigenen Fühlens auszuloten. Wir können unser Zuhause auf neue Weise erleben, indem wir lernen, es zu erfühlen und zu ertasten.

Multisensorische Architektur

Architektur betrifft alle Sinne. Dennoch stellen „nur wenige Studien die Frage, wie sich multisensorische Architektur auf die Bewohner eines Raumes auswirkt.[23] Unter den zielführenden Ansätzen zur Erforschung des sinnlichen Erlebens von Architektur ist das inklusive Planen der wichtigste. In das Betätigungsfeld dieser Spezialisierung des architektonischen Entwerfens sollten auch die besonderen Bedürfnisse von Alzheimerpatienten hineingenommen werden. Die Herausforderung für Planer besteht darin, überzeugende Konzepte zu erstellen, die nicht nur herkömmliche Raumvorstellungen bereichern, sondern auch Menschen mit Gedächtnisschwund neue Möglichkeiten eröffnen.

Die Wohnung ist der Ort, an dem man sich dieser Herausforderung zuallererst stellen sollte. Das Zuhause, der räumliche Ausdruck unserer Identität, ist der Ort, an dem wir ganz wir selbst sein können müssen, inklusive unserer Verletzlichkeiten. Multisensorische Entwurfsstrategien ermöglichen uns ein bewussteres Erfahren, eine umfassende Aneignung des Zuhauses. So können wir uns auch dann noch in unseren „Lebensräumen" wohlfühlen, wenn die Erinnerungen verblassen.

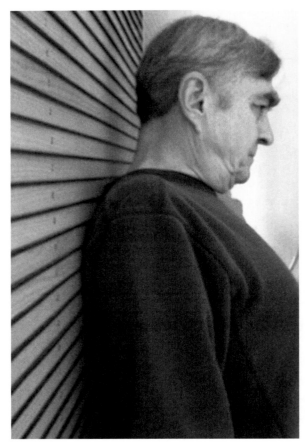

Dünne Gummistreifen im Wechsel mit Eschenholzstreifen ziehen nach dem Duschen das Wasser ab und eignen sich zur Rückenmassage.

Den Tastsinn ansprechende Badezimmerwand in der La Marche Residence in Derby, New York (USA)

1   M. Hopkin: „Link Proved Between Senses and Memory", in: *Nature. International Weekly Journal of Science*, 31. Mai 2004. www.nature.com/news/1998/040524/full/news040524-12.html (abgerufen im März 2012).

2   J. Pallasmaa: *The Eyes of the Skin. Architecture and the Senses*, Chichester, Sussex 2005, S. 30.

3   M. Davis: „Good Day Sunshine", in: *Perspectives. Research and Creative Activity*, University of Illinois Carbondale, Herbst 2005, http://perspect.siu.edu/05_fall/alzheimers.html (abgerufen am 6. Februar 2013).

4   National Institute on Aging: *Home Safety for People with Alzheimer's Disease*, U.S. Department of Health and Human Services, NIH Publication Nr. 02-5179, August 2010.

5   Das LIFEhouse™ liegt in Newport Cove, der preisgekrönten Wohnsiedlung am Ufer des Bluff Lake in Antioch im US-Bundesstaat Illinois. Das LIFEhouse™ ist mit Einrichtungen des universellen Designs ausgestattet, etwa mit breiten, barrierefreien Eingängen und Gängen, barrierefreien Badezimmern mit bodengleichen Duschen und unterfahrbaren Waschbecken, barrierefreien Küchen und Waschküchen, einem Fahrstuhl ins Untergeschoss, akustischen und visuellen Sicherheitsfunktionen, integrierten Kommunikationssystemen, diversen Beleuchtungsszenarien für jeden Raum, leicht einprägsamen Ablagen für Schlüssel und ähnliche Gegenstände in der Nähe jedes Ausgangs, einfach zu öffnenden Fenstern und Türen sowie Energiesparfunktionen. www.newport-cove.com/ (abgerufen am 1. Dezember 2012).

6   S. Grimaldi et al.: „Indoors illumination and seasonal changes in mood and behavior are associated with the health-related quality of life", in: *Health Quality of Life Outcomes* (2008) 6, S. 56. www.pubmed-central.nih.gov/articlerender.fcgi?artid=2527305 (abgerufen am 25. Februar 2013).

7   „The Alzheimer's Eye Sees Things Differently", in: *The Eldercare Team*. www.eldercareteam.com/public/677.cfm (abgerufen am 11. Januar 2013).

8   B. Blesser und L.-R. Salter: *Spaces Speak, Are You Listening? Experiencing Aural Architecture*, Cambridge, MA 2007, S. 35f.

9   S. Gatland: „Designing Environments for Sound Control", in: *The American Institute of Architects*. www.aia.org/practicing/groups/kc/AIAB058394 (abgerufen am 2. Januar 2013).

10 J. D. Cutnell und K. W. Johnson: *Physics*, 4th ed., New York 1998, S. 466.

11 B. Blesser und L.-R. Salter, a.a.O., S. 11.

12 R. M. Schafer: *The Tuning of the World*, New York 1977, S. 222.

13 J. J. Gibson, *The Senses Considered as Perceptual Systems*, Boston 1966, S. 136.

14 M. A. Gutiérrez-Alonsa, F. Vexo und D. Thalmann: *Stepping into Virtual Reality*, London 2008, S. 157–161.

15 M. A. Gutiérrez-Alonsa, F. Vexo und D. Thalmann, a.a.O.

16 Y.-F. Tuan: *Space and Place. The Perspective of Experience*, Minneapolis 1977, S. 11.

17 E. Harnett: „The Whole Package: The Relationship between Taste and Smell", in: *Serendip, 2007*. http://serendip.brynmawr.edu/exchange/node/1575 (abgerufen am 14. Dezember 2013).

18 A. Barbara und A. Perliss: *Invisible Architecture. Experiencing Places through the Sense of Smell*, Mailand 2006, S. 91.

19 N. Cheng, H. Cai und L. Belluscio: „In Vivo Olfactory Model of APP-Induced Neurodegeneration Reveals a Reversible Cell-Autonomous Function", in: *The Journal of Neuroscience*, 28. September 2011, S. 31–39.

20 J. J. Gibson: *The Senses Considered as Perceptual Systems*, Boston 1966, S. 59.

21 E. Scherder, A. Bouma und L. Steen: „Effects of peripheral tactile nerve stimulation on affective behavior of patients with probable Alzheimer's disease", in: *American Journal of Alzheimer's Disease & Other Dementias*, Bd. 13, März/April 1998, 2, S. 61–69.

22 E. T. Hall: *The Hidden Dimension. Man's Use of Space in Public and Private*, Garden City, New York 1969, S. 62.

23 B. Blesser und L.-R. Salter, a.a.O., S. 21.

karree

und

quartier

Mit *Utopia* prägte Thomas Morus einen Begriff, der die Architektur bis heute herausfordert. Anonym: Città ideale (Italien), Ende 15. Jahrhundert

stadtviertel für ein ganzes leben

Wie sollen Stadtviertel für Ältere und Menschen mit Demenz gestaltet sein?

Dieter Hoffmann-Axthelm

Von den Städten, namentlich von Amaurotum

An die hinteren Gebäudeteile schließt sich ein breiter, den ganzen Häuserblock entlang sich hinziehender Garten, eingezäunt von der Rückseite anderer Häuserreihen. Es gibt kein Haus, das nicht außer dem Eingang von der Straße her noch eine Hinterpforte zum Garten hätte. Die Türen sind zweiflügelig, durch einen leisen Druck der Hand zu öffnen, schließen sich dann von selber wieder und lassen so jeden hinein: so weit geht die Beseitigung des Privateigentums! Denn selbst die Häuser tauschen sie alle zehn Jahre um, und zwar nach dem Lose.

Auf diese Gärten legen sie großen Wert. [...] Und sicherlich ist in der ganzen Stadt nicht leicht etwas zu finden, das für die Bürger nützlicher und vergnüglicher zugleich wäre; deshalb scheint auch der Gründer der Stadt auf nichts so große Sorgfalt verwendet zu haben wie auf diese Gärten.

Man sagt nämlich, diese ganze Stadtanlage sei von Anfang an durch Utopus festgelegt worden; doch überließ er die Ausschmückung und den weiteren Ausbau den Nachkommen, da sich voraussehen ließ, daß ein Menschenalter dazu nicht ausreichen würde.
Aus: Thomas Morus[1]

Was ist ein gutes Stadtviertel? Was ein Wohnquartier wirklich wert ist, zeigt sich erst dann, wenn dringend mehr gebraucht wird als Parkplätze, Supermarkt und ÖPNV-Anschluss. Mehr also als das, was die gewöhnliche Peripherie bietet, ob Großsiedlung oder Eigenheim, Stadtrand oder Dorf. Dann, wenn die praktischen Gründe peripheren Wohnens ebenso zerplatzen wie die Sehnsüchte nach Grün und Land, die Ideologien modernen oder standesgemäßen Wohnens, die Beschönigungen des Unpraktischen und Unschönen, auf das man sich einmal eingelassen hat oder wozu man gezwungen war. Dringlichkeit herrscht aber auch in einem anderen Sinn, denn es ist höchste Zeit, dass sich staatliche und kommunale Baupolitik auf die situativen Dringlichkeiten der Menschen mit Demenz einstellen. Statt weitere Seniorenzentren zu bauen und Pflegekräfte aus Osteuropa zu importieren, ist eine Revision der Baupolitik, des Bauplanungsrechtes, der Regionalplanung und der Förderrichtlinien nötig, kurz gesagt, ein Stadtumbau und -neubau, der die Konsequenzen zieht aus der erwiesenen Untauglichkeit des Bauens auf der grünen Wiese für einen hohen auf Pflegebedürftigkeit zusteuernden Bevölkerungsanteil. Man hat an Rentenmodellen und Pflegesätzen gebastelt, die zugehörige Hardware jedoch, die Frage nach einer pflegegerechten städtischen Struktur, hat man verschlafen.

Die Entscheidung für die Peripherie ist nach wie vor von Beschönigungen umgeben wie von einer selbstgebastelten Rüstung. Ob es nicht anders ging der Miet- und Kaufpreise wegen, oder ob es die Erfüllung eines Lebenstraumes sein sollte, immer ist die jeweilige Entscheidung so schwerwiegend, so eng mit dem Selbstbewusstsein verbunden, dass man sie gegen Einwände und konträre Wahrnehmung schützen wird, so lange es geht. Die nächstliegende Vermutung, ein gutes, für das ganze Leben ausreichendes Stadtquartier sei das, wo man sich wohl und zu Hause fühlt, ist daher unbrauchbar. Solange man bei Kräften ist, Arbeit und Auto hat, gibt es keinen Zwang, sich die negativen Seiten einzugestehen. Erst Abhängigkeit durch Krankheit, Alter, Bettlägerigkeit und Demenz machen sie unübersehbar.

Auf einen Konsens der Einzelnen ist also bislang nicht zu hoffen. Was ein gutes Stadtquartier ist, lässt sich nur aus einem gewissen Abstand zu den subjektiven Beweggründen umreißen. Dieser Abstand muss groß genug sein, um nicht nur die recht unterschiedlichen Bedürfnisse der einzelnen Lebensalter zu berücksichtigen, sondern um auch die Gesamtheit der gesellschaftlich bekannten Lebensschicksale im Blick zu haben. Es geht also nicht ohne einen professionellen Standpunkt und die damit erforderlichen staatlichen oder kommunalen Regulierungen. Auf den bloßen Trend der Mittelschicht zur Rückkehr in die Innenstadt ist kein Verlass. Denn dies führt, bei lediglich marktwirtschaftlicher Handhabung ohne korrigierenden Zugriff öffentlicher Regulierungen, nur dazu, dass sich homogene Wohnbereiche bilden und die sozial Schwächeren in die Peripherie, die Pflegebedürftigen in die kommerziellen Anstalten abgedrängt werden.

Das Leben in Randlagen, ob im Eigenheim oder in der Großsiedlung, erweist sich im Alter häufig als nachteilig.

Ein gutes Viertel ist eines, das für alle Schichten und für alle Lebensalter gut ist, gleichgültig von welchem Lebensschicksal man ausgeht. Dass die klassische Stadtstruktur – parzellär, kleinteilig, typologisch differenziert und durch Eigentum individualisiert – für Einwanderer aus ost- und außereuropäischen Kulturbereichen optimal ist, muss nach fünf Jahrzehnten Arbeitsimmigration nicht mehr nachgewiesen werden. Dass soziale Mischung in einer Marktwirtschaft nur so zu gewährleisten ist, ist eine Erkenntnis bereits des 19. Jahrhunderts, deren Vernachlässigung durch eine besserwisserische, auf abstrakte Gleichheit rechnende Moderne die Stadtgesellschaften, vor allem der Großstädte, teuer zu stehen kam.

Nicht anders sieht es aus, wenn man die Grenzbereiche der Lebensalter in Betracht zieht. Mittelständische Eltern glauben, ihren Kindern etwas Gutes zu tun, wenn sie ihretwegen ins periphere Eigenheim ziehen. Die stets genannten Beweggründe sind bessere Luft, natürliche Umgebung, Spielen im eigenen Garten ohne ständigen Zwang zur Aufsicht, größerer Bewegungsraum bei geringerer Gefährdung durch Straßenverkehr sowie ein bereinigtes soziales Umfeld. Die Nachteile, obwohl sie dem neutralen Beobachter vor Ort unübersehbar scheinen mögen, werden ausgeblendet. Das größte Defizit ist der Erfahrungsverlust. Fehlen im Großsiedlungsviertel die konkrete Erfahrung von Stadt, der Kontakt zur Arbeitswelt, die Einübung in städtischen Verkehr, das Abenteuer der funktionalen Nischen, so kommt in der homogenen Peripherie der Eigenheime in ihrer undurchsichtigen Schweigsamkeit noch der soziale Erfahrungsverlust dazu. Dieser Kontaktverlust muss ersetzt werden durch ständiges Herumfahren der Kinder – Kita, Schule, Sport, Musikunterricht, Tanz usw. –, deren natürliche Umgebung sich auf die monotone Reihung eingezäunter steriler Gärten reduziert. Und die Mütter? Sofern sie nicht wie ihre Männer morgens in die Kernstadt einpendeln, bleiben die Frauen als Haushälterinnen und Erzieherinnen zu Hause, grüne Witwen, einbetoniert in das Abstandsgrün der Siedlung oder den Reihenhausgarten, fern allen städtischen Beteiligungs- und Selbstverwirklichungsmöglichkeiten.

Der Grenzbereich schlechthin von Wohn- und Lebensumständen in Randlagen ist das Alter. Da alles, soziale Kontakte wie auch die tägliche Versorgung, vom Auto abhängt, werden Eigenheim und Großsiedlung zur Vereinsamungsfalle. Und Vereinsamung wiederum befördert, wie man weiß, den Eintritt der Hilflosigkeit wie erst recht den der Demenz. Fahrstuhl, Briefkasten, Abstandsgrün, Parkplätze, Erschließungsschleifen, Supermarkt, Einkaufszentrum: Alle diese praktischen Angebote der peripheren Siedlung erweisen sich, sobald die Mobilität nachlässt, als dysfunktional; was so praktisch schien, wird unpraktisch, so unpraktisch, dass Demenzerkrankte

In unzähligen sich überlagernden Schichten verdichtet sich das Stadtbild ins Monströse. Julie Mehretu: „Berliner Plätze", 2008/09

Gesicht zeigen. Expressive Fassade von Casa Emilia in Solingen (Deutschland). Arbeitsgemeinschaft Großkemm/Richard + Monse/Molnar, 2007

das Feld räumen müssen. Vermutlich besonders hart trifft es den alternden Menschen in der selbstverwalteten Festung des Eigenheimes. Hausbesorgung, Gartenpflege, Einkauf, Besuche, alles wird zu mühsam. Die Stadt ist fern, und wo man ist, ist man nicht wirklich verwurzelt und wird dort auch nicht gebraucht. Die Peripherie erzieht nicht zur Kooperation, ganz im Gegenteil. Jeder ist auf sich gestellt, umso mehr, wenn der Partner gestorben ist, die Kinder weit weg sind. Die Zeit, Netze zu bilden und Nähe zu Orten zu suchen, die das Altern leichter bewältigen ließen, ist vertan. Es bleibt nur der Weg in die großen Auffangapparate.

In einer insgesamt alternden Gesellschaft ist das Herauswachsen aus Lebensumständen, die man sich in der Lebensmitte geschaffen hat, kein individuelles Problem mehr, sondern ein gesellschaftliches. Auch die Innenstadt hält für das Alter ihre Hürden bereit, wie das Treppensteigen, steigende Mieten und die Kosten und Mühen des Badumbaus sowie Betrüger an der Wohnungstür. Draußen dann, holpriges Pflaster für den Rollator, Glatteis, beschleunigte Verkehrsflüsse, Gefahren durch Fahrrad-Rowdies und jugendliche Räuber. Aber das funktional und räumlich dichte Stadtviertel ist, wenn überhaupt, auch die große Chance, Nähe zu bilden, Netze zu knüpfen, dabei zu sein und dadurch in Würde zu altern, ohne eine ganze Sozialindustrie beanspruchen zu müssen.

Selbstverständlich sind verdichtete gemischte Stadtstrukturen nicht per se eine Garantie für individuell zu bewältigendes Altern. Das meiste muss sozial geleistet, muss zuvor mühsam aufgebaut werden. Es geht nicht ohne Investitionen in neue Einrichtungen, z. B. in kleine lokale, gut vernetzte Kompetenzzentren für Pflege und medizinischen Beistand. Vor allem geht es dabei um ein Umdenken in Sachen Nachbarschaft und Beteiligung der Jüngeren. Ein kleinteilig strukturiertes, sozial und funktional gut gemischtes Stadtviertel ist die notwendige Voraussetzung – gleichsam das unentbehrliche Instrument, auf dem man noch im Alter Musik machen kann.

Die definitiven Grenzen eines auf automobilen Individualismus angelegten Lebens- und Planungsstiles sind jedoch Pflegebedürftigkeit und Demenz. Inzwischen rechnet man mit einer durchschnittlichen Pflegebedarfszeit von zehn Jahren pro Person, Tendenz steigend, was bereits beim heutigen Stand der Dinge ein Problem darstellt, das zum Umdenken zwingt. Zuerst die Alternden selber, denn man kann nicht nur auf die Jüngeren zählen, die mitten im Berufs-, Karriere-, Erziehungs- und Beziehungsstress stecken. Die wichtigste Ressource ist vermutlich die Lebensspanne zwischen Renteneintritt und Eintritt von Pflegebedürftigkeit und Demenz. Man ist noch kräftig genug, um neu anzupacken, und alt und erfahren genug, um im Schicksal der noch älteren Immobilen die eigene

Kulturerbe des 16. Jahrhunderts mit dem griechischen Namen „kora calè" (schönes Viertel), Marina di Corricella, Hafen von Procida (Italien)

Keineswegs barrierefrei begünstigen die ineinander verschachtelten Wohnungen dennoch Begegnungen und soziales Leben.

Die Wohnbebauung zeichnet sich u. a. durch eine gute soziale Mischung aus. Tegeler Hafen, Berlin (Deutschland). moore ruble yudell architects and planners, 1984–1987

Zukunft zu erkennen und vorzubereiten, d. h. sich einzuüben, indem man anderen beisteht. Die herkömmlichen Verwahrsysteme hingegen sind zu teuer, zu anonym und mechanisiert. Und die Pflegeheime, je näher man sie betrachtet, wahre Sterbeanstalten – Lasciate ogni speranza, voi ch'entrate!"[2]

Der härteste Testfall für die Inklusionsfähigkeit eines Stadtquartiers ist selbstverständlich die Altersdemenz. Die davon betroffenen Menschen haben oft noch ihre körperliche Bewegungsfähigkeit, können sich aber nicht mehr ausreichend bewusst steuern. Sie sind auf die Routinen angewiesen, die sie im Vorleben erworben haben. Die Steuerung über diese in den Tiefenschichten des Gehirnes verankerten Routinen kann nur so weit gefahrlos verlaufen, wie die Umwelt vertraut und handlich ist, also unmissverständliche Signale bereithält, sodass z. B. eine Tür, ein Türgriff, ein Geländer, ein Gehweg, ein Bürgersteig usw. eindeutig als solche erkennbar sind und nicht durch digitale Technik verkompliziert, durch Designeinfälle kaschiert, zu sehr beschädigt, im Umbau oder durch irgendeine Nachlässigkeit anderer verstellt werden. Gebraucht wird eine möglichst genaue Übereinstimmung mit den Zeichen, Griffhöhen, Maßen und Erscheinungsweisen, an denen jene Routinen sich einst gebildet haben, mithin eine konstante und grifffeste Umgebung sowie deren zuverlässige Unterhaltung. Was also ist ein gutes Stadtviertel? Da muss man, so banal es klingen mag, auf allgemeinste Einsichten zurückgreifen. Das ABC der gemischten Stadt ist bekannt:

– Baurechtliche Sicherstellung der Parzellierung in der nötigen Feinkörnigkeit

– Durchsetzung von Bauherrenvielfalt
– baurechtliche und fördertechnische Garantien der sozialen und der Nutzungsmischung
– Verkehrspolitik, die mit der Dominanz des automobilen Verkehrs bricht und Netze bildet, statt der Aufspaltung in Schnellverkehrskanäle und abgehängte Schutzbereiche
– hochgradige Individualisierung der Frei- und Grünräume

Daneben gibt es zwingende prozessuale Voraussetzungen: einen kommunalpolitischen Konsens und das Einräumen von Zeit für Beteiligungsprozesse und unorthodoxe Finanzierungen. Was kann die Architektur beitragen? Was die Gebäudestruktur angeht, braucht es den Willen der Architekten, die professionelle Energie, die gewöhnlich für das Design aufgewendet wird, auf die Herstellung differenzierter Typologien zu lenken. Mit dem Einsparen von Schwellen ist es nicht getan, es muss auch gefragt werden: Was kann der Entwurf leisten, um Nähe, Nachbarschaft, Austausch, Gesehen- und Gehörtwerden zu erleichtern? Auch da sind wir noch ganz am Anfang.

Mobilitätseinschränkungen und Demenz sind heute öffentliche Umstände, die nicht versteckt werden müssen. Trotzdem ist davon auszugehen, dass der öffentliche Raum nicht immer und sicher nicht für alle ausreichend beherrschbar sein kann, so wichtig es auch ist, aus den geschlossenen Räumen herauszukommen und sich im öffentlichen, belebten Raum zu bewegen. Es muss auch geschützte Zonen geben. Daraus folgt allerdings nicht, dass es darum geht, unbedacht großzügige straßenferne Schutz- und Bewegungsräume zu schaffen. Für soziale Kontakte sind unmittelbare Nähe und

Die Anordnung der 81 Häuser schreibt die Vorteile des Zeilenbaus fort. Siedlung Buchheimer Weg, Köln (Deutschland). ASTOC – Architects und Planners, 2008–2012

Im Erdgeschoss eines der Wohnhäuser leben acht Bewohner in einer ambulant betreuten Wohngemeinschaft für Menschen mit Demenz mit eigenem geschützten Außenbereich.

Überschaubarkeit die wichtigsten räumlichen Voraussetzungen. Das ungeteilte Gemeinschaftsgrün innerhalb von Blockrandbebauungen und orthogonal zugeordneten Zeilen ist genau das, was es wegen seiner Orientierungslosigkeit und Depressivität erzeugenden Wirkung zu vermeiden gilt. Nachbarschaft ist wichtiger als freier Ausblick. Je reduzierter der Aktionsradius des Einzelnen, desto hilfreicher und anregungsreicher sind komplex durchgegliederte Baustrukturen: Baugefüge mit Seiten- und Hintergebäuden in sinnvoller Streuung, durchmischt von kleinteiligen Grünräumen, gegliedert durch orientierende, Verlässlichkeit schaffende Grenzen entsprechend den uralten Nachbarschaftsrechten.

Schließlich ist nicht zu vergessen, dass alle guten Absichten auch bezahlbar sein müssen. Stadt- und sozialökonomisch besteht ein Kausalzusammenhang zwischen Flächen- und Pflegekosten, wie immer in Zukunft der Trend zur Refamiliarisierung der Pflege organisatorisch zum Erfolg gebracht werden mag. Nähe ist nicht nur eine menschliche, sondern auch eine ökonomische Ressource.

1   T. Morus: *Utopia*, Stuttgart 1983, S. 63–64.

2   Lasst jede Hoffnung schwinden, ihr, die ihr eintretet!" (letzter Vers der Inschrift über dem Eingang zur Hölle in: D. Alighieri, *Die göttliche Komödie*, dritter Gesang, München, S. 71.

In den Hängematten ausruhend, sind die Besucher der hausähnlichen Konstruktion dem öffentlichen Raum enthoben und gleichzeitig mittendrin.
Heri&Salli: „Flederhaus", Vorplatz MuseumsQuartier Wien (Österreich), 2011

Auf der Reise zu anderen Orten. Als Oase des Verweilens und als Bereicherung für das Stadtbild ist „Flederhaus" ein Plädoyer für eine sinnliche Gestaltung öffentlicher Räume.

sinnreiche außenräume für menschen mit demenz

Annette Pollock

Viele sprechen, wenn sie von Außenräumen für Demente reden, von „Sinnesgärten". Dabei ist dies nur einer von zahlreichen Aspekten, die einen gelungenen und durchdachten Außenraum kennzeichnen. Gärten und andere Außenräume müssen mehr sein als nur Orte für die Sinne: Sie müssen sinn*reich*, verständlich und sicher, aber auch Orte der Erquickung, des sozialen Austausches und der Betätigung sein.

Wenn wir über 90 Jahre alt werden, leidet ein Drittel von uns an Demenz – und das betrifft alle Gesellschaftsschichten, da macht Demenz keine Unterschiede. Wer Außenräume für Demente gestaltet, muss daher einerseits den jeweiligen Hintergrund und die Interessen der Benutzer berücksichtigen, andererseits den einschlägigen Beeinträchtigungen älterer Menschen im Allgemeinen und dementer Menschen im Besonderen gerecht werden. In Großbritannien leben zwei Drittel aller Dementen zu Hause, ein Drittel in Pflegeeinrichtungen.

Wir wollen uns zunächst der praktischen Seite zuwenden: den Gestaltungsgrundlagen, sei es für eine Pflegeeinrichtung, ein Krankenhaus oder den privaten Garten. Die meisten der folgenden Aspekte gelten auch für öffentliche Anlagen und Gärten.

Ein gutes Mikroklima

Darunter verstehen wir einen sonnigen, wind- und lärmgeschützten Bereich mit einigen schattigen Stellen; einen Ort, an dem man sich als älterer Mensch sicher und geborgen fühlt. Wind ist besonders problematisch, weil er gebrechliche Personen zu Fall bringen und die Umgebungstemperatur absenken kann. Natürlich spricht nichts gegen eine leichte Brise an einem heißen Tag.

Ein gesichertes Umfeld

Das ist ein Ort, von dem Demente nicht in ein potenziell gefährdendes Umfeld „entfleuchen" können. Die Ausgänge der sicheren Umgebung müssen sorgsam verborgen werden, um die demente Person nicht zu verlocken, denn ein verschlossenes Tor kann für große Frustration und Stress sorgen.

Ein sicherer, leicht zugänglicher Ort

Das bedeutet: barrierefreier Zugang, ebener und rutschfester Untergrund, keine Steigungen auf Rasen- und Pflanzflächen, auf denen man stürzen kann, und ggf. Handläufe zur Unterstützung beim Gehen. Barrierefrei heißt auch, dass es im Bodenbelag und am Eingang keine scharfen Farbkontraste gibt, da Menschen, die Seh- und Wahrnehmungsprobleme haben, diese als Stufe oder Höhenunterschied verstehen und aus dem Tritt geraten können und dann möglicherweise stürzen.

Barrierefrei spazieren gehen unter einem Pergola-Dach. Cherish Yearn Membership Senior Retirement Community, Shanghai (China)

Die im Sinne einer Clubmitgliedschaft konzipierte und mit hohem Komfort ausgestattete Seniorenanlage ist chinesischen Beamten vorbehalten.

Die mit Grundelementen möblierten Ein- und Zwei-Personen-Apartments sind wahlweise für unabhängiges oder betreutes Wohnen mietbar.

Aktivitäten im Freien sind Kern des Green-Care-Konzeptes. Haus Lillevang, Farum (Dänemark). Landschafts-architekten Landskab & Rum ApS, 1998

Unterfahrbare Hochbeete in der Senioreneinrichtung Stavangerstraße 26, Berlin (Deutschland). Harms Wulf Landschaftsarchitekten, 2005

Obst- und Gemüsegarten im Kompetenzzentrum für Menschen mit Demenz, Nürnberg (Deutschland). Feddersen Architekten, 2006

Auf ähnliche Weise können Abdeckungen von Versorgungsleitungen in gepflasterten oder asphaltierten Zonen ein optisches Hindernis darstellen, deshalb sind sie zu verbergen, indem man Abdeckungen wählt, auf deren Oberfläche der umgebende Bodenbelag aufgebracht oder eingelegt werden kann.

„Innen-/Außen"-Bereiche

Es ist sehr nützlich, einen überdachten Übergangsbereich zu haben, damit man auch dann draußen sitzen kann, wenn das Wetter einmal nicht so gut ist, aber auch, damit es einen Außenbereich gibt, in dem man beispielsweise Pflanzen umtopfen, malen, eine Tasse Kaffee trinken oder Ähnliches tun kann. Dieser Bereich bietet Schutz und spendet Schatten – und verhindert im Idealfall sogar, dass bei niedrigem Sonnenstand das Licht zu grell ins Innere strahlt. Wie sieht es nun mit der Möblierung aus?

Stühle, Tische, Gartenlauben, Pergolen, überwölbte Gänge

Holz ist ein gutes Material für Stühle, da es Wärme hält, leicht abzutrocknen ist und üblicherweise zeitlos aussieht. Stühle müssen robust, stabil und bequem sein und Armlehnen haben, um das Hinsetzen und Aufstehen zu erleichtern. Sie sollten in regelmäßigen Abständen voneinander aufgestellt werden, um zum Wechseln des Sitzplatzes zu animieren.

Tische und Sonnenschirme fördern den sozialen Austausch. Eine überdachte Vorrichtung wie eine Laube lockt als Ziel- und Treffpunkt für gemeinsame Aktivitäten. An aufgeständerten Pflanzgefäßen in unterschiedlichen Höhen lässt es sich leichter im Stehen oder Sitzen arbeiten. Das Gartenhäuschen ist ein guter Ort zum Werkeln. Pergolen sind attraktive Bogengänge zum Hindurchschlendern. Außerdem geben sie die Richtung vor und können, wenn sie groß genug und von Pflanzen überwachsen sind, Schutz vor der Sonne bieten.

Pflanzen

Alle Pflanzen in einem Garten für Demente müssen ungefährlich sein, also in keiner Weise giftig. Besonders bieten sich essbare Pflanzen an, wie die Früchte von Obstbäumen Kräuter oder Beeren. Pflanzen, mit denen man Erinnerungen verbindet, können auch Konversationen anregen: Wer von den Frauen hat sich als kleines Mädchen Fuchsien ins Haar gesteckt, um eine Ballerina zu sein, wer hat aus Gänseblümchen Ketten geflochten? Wer hat als Kind Äpfel selbst gepflückt und gegessen, an Minze oder Lavendel gerochen? An Pflanzen lässt sich auch der Jahreszeitenwechsel besonders gut beobachten: Schnee- und Maiglöckchen, Sommerblumen, Herbstfarben, fallende Blätter – das alles hilft Menschen, in der „realen Welt" zu bleiben.

Sinnreiche Beschäftigungen

Es gibt vieles, was man draußen machen kann: Obst und Gemüse pflanzen und ernten, Familienfeste feiern, Spiele spielen (z.B. Krocket, Boule, Ballspiele), Holz bearbeiten, Dinge reparieren oder am Fahrrad schrauben, sich Hühner oder Kaninchen halten, Vögel füttern, Wäsche aufhängen usw. All diese Beschäftigungen fördern Aktivität, trainieren das Gedächtnis und regen zum Gespräch an. Die einen sind lieber in der Gruppe aktiv, andere sind lieber für sich, riechen an Pflanzen und lassen sich ein Lüftchen ins Gesicht wehen. Auch die Möglichkeit, in höheren Stockwerken nach draußen zu gehen, sei es auf den Balkon oder die Dachterrasse, ist wichtig. Andere Kulturen nutzen möglicherweise die Flächen anders und haben dazu andere Assoziationen. Für die australischen Aborigines ist beispielsweise draußen das Zuhause; drinnen ist man nur zum Schutz.

Warum das alles so wichtig ist? Weil wir alles dafür tun wollen, dass ältere und demente Menschen so lange wie möglich gesund und zufrieden sind – und dass sie so lange wie möglich in der realen Welt sind. Angesichts der zunehmenden Vergreisung der Bevölkerung rücken die massiven Ausgaben für Pflege in den Blickpunkt. Bewegung und Vitamin D, so zeigen zahlreiche Studien, sind für die körperliche Gesundheit, für die Vermeidung von Stürzen und für die geistige Fitness von enormer Bedeutung. Glückliche Menschen lassen sich leichter betreuen, und eine offene Tür ins Freie kann problematisches Verhalten und Stress mindern. Schließlich wollen wir auch die Menschen nicht vergessen, die Demente betreuen: Je entspannter und zufriedener deren Betraute sind, desto attraktiver wird ihre Aufgabe.

Außenraumgestaltung mit überdachtem Übergang zwischen den einzelnen Gebäuden. Hanna Reemtsma Haus, Hamburg (Deutschland). Schneekloth + Partner, 2011

Licht- und luftdurchlässige Wände tragen zur Sicherheit bei und machen die sonst üblichen Vergitterungen überflüssig. Zentrum für Geriatrische Psychiatrie in Pfäfers (Schweiz). huggenbergerfries Architekten, 2010

seniorensiedlung kahla

Kahla, Deutschland

Architektur
Jörg Lammert
GEROTEKTEN
Planungsbüro für
soziale Aufgaben

Bauherr
Diakonie
Ost-Thüringen
Wohn- und
Seniorenzentrum
Käthe Kollwitz
gGmbH

Planungszeit
08/2006–08/2007

Bauzeit
12/2008–02/2010

**Bruttogeschoss-
fläche**
4.400 m²

Direkt in einem gewachsenen Wohngebiet, neben einer Schule, einem Spielplatz und einem Supermarkt, leben die Bewohner der Seniorensiedlung Kahla in einem urbanen Umfeld. Bei der Planung der internen räumlichen Struktur wurde Wert darauf gelegt, der Vereinzelung und damit Vereinsamung der Bewohner entgegenzuwirken. Das gilt für die kompakten Wohnungen in den drei pavillonartigen Flachbauten mit Gartenzugang genauso wie für das Wohngemeinschaftshaus.

Die Gliederung der Baukörper erfolgt über sieben verdichtete Hofräume, die durch einen umlaufenden „Kreuzgang" zum Durchqueren (Platz) und Verweilen (Garten) einladen. Die Höfe sollen Assoziationen der verschiedenen Sozialräume wecken und gliedern diese zu Nachbarschaften. Der Entwurf vereint sechs Wohngemeinschaften, die sich in zwei Etagen um einen Laubenhof gliedern. Die Clusterbildung wird an den Gemeinschaftshöfen wie dem Pergolenhof auf die gesamte Anlage erweitert.

Für die täglichen Aktivitäten verfügt jede Hausgemeinschaft über einen großzügigen Wohn- und Essbereich mit Küche. Dieser zentrale Aufbau bestimmt auch die weitere Struktur des Gebäudes. Lichthöfe, die durch Einschnitte in das Volumen entstehen, bilden einen Übergang zwischen Drinnen und Draußen und lassen viel Tageslicht ins Gebäude.

Remisen und Höfe gliedern als soziale Einheiten die Wohnpavillons. Dabei wurde die Ausgestaltung der Grünflächen den besonderen Bedürfnissen der Bewohner angepasst. In zwei geschützten Gärten können sie selbst Beete anlegen und pflegen. Die Gärten sind so angelegt, dass sie von Grün eingezäunt sind, so können auch Menschen mit Demenz gefahrlos allein spazieren gehen. Jeder Hof erhielt einen besonderen botanischen Charakter, außerdem wurde alter Baumbestand integriert.

Die architektonische Konzeption stellt den betagten Menschen in den Mittelpunkt und versucht, eine funktionierende und überlegte Planung zu entwickeln, die sich an den Wünschen und Eigenheiten der Bewohner orientiert. Das Leben ist auf den normalen Alltag wie in einer eigenen Wohnung ausgerichtet. Im Vordergrund steht die ressourcen- und interessenorientierte Alltagsbegleitung, die von den biografischen Voraussetzungen ausgeht.

Besondere Bedeutung kommt dabei dem Lichtkonzept der Seniorensiedlung Kahla zu. So wurde darauf geachtet, dass natürliches Tageslicht, blendfreies Kunstlicht und indirektes Licht die Räume optimal ausleuchten. Die Gebäude sind sehr hell gestaltet. Dabei soll der Farbton Orange, der überall gegenwärtig ist, die freundliche Atmosphäre unterstreichen. Daneben schafft das Farbkonzept mit verschiedenfarbigen Wohnzimmern Orientierung und Identität.

Geschützter Buchenhof

Laubenhof mit gesichertem Wasserbecken

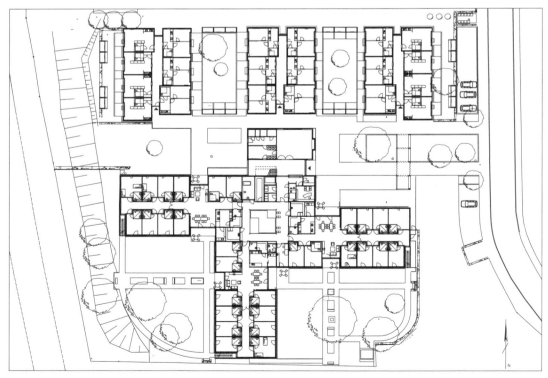

Grundriss/Lageplan

Garderobe, Küche, Vorratsraum – wie in einer „normalen" Wohnung

Farbkonzept zur Förderung der Orientierung

alters- und pflegezentrum zollikofen

Zollikofen, Schweiz

Bauherr
Arthur Waser Gruppe

Basisplanung
ARGE
Feddersen Architekten/
stankovic architekten,
Berlin, Deutschland

Entwurf
Feddersen Architekten,
Berlin, Deutschland

Realisierung
ARGE
Feddersen Architekten/
IAAG Architekten AG,
Bern, Schweiz

Planung
seit 2010

Fertigstellung
2016

**Bruttogeschoss-
fläche**
20.500 m²

Auch wenn die ambulante Betreuung von Menschen mit Demenz immer mehr an Bedeutung gewinnt, bleibt das Pflegeheim ein wichtiger Baustein in der Versorgungskette. Dabei zeichnet sich das Heim der Zukunft als Ort der Mitte, geprägt von sozialer Mischung und eingebettet in ein Quartier aus: Neben der Pflege finden sich hier bzw. in dessen Umgebung auch separate Wohnungen, medizinische Dienstleistungen, Gastronomie und auch Einkaufsmöglichkeiten. Da die Nachfrage nach stationärer Pflege langfristig nur schwer vorherzusehen ist, sind flexible bauliche Konzepte gefragt.

In Zollikofen in der Nachbarschaft zu Bern entsteht ein Alters- und Pflegezentrum, das diese Anforderungen erfüllt. Es liegt nur wenige Gehminuten von einer S-Bahnstation entfernt. Von hier aus können die Bewohnerinnen und Bewohner sowohl das Stadtzentrum von Bern mit seinen Einkaufsmöglichkeiten wie auch die Universität mit ihren Angeboten für ältere Studierende schnell erreichen. Der Neubau ist nicht nur zentral gelegen, auch das Gebäude entspricht den Anforderungen an eine flexible Gestaltung. Möglich macht das der modulare Bautypus der Anlage: Sechs Pavillonbauten sind durch eine Mittelachse miteinander verbunden. Dabei werden die Bewohnerzimmer mäanderartig aneinandergereiht. Die Pflegebereiche und vier Zwei-Zimmerwohnungen sind im gleichen Grundrissraster organisiert. Tragende Wände wurden auf ein Minimum reduziert. So lässt sich die Verteilung zwischen Pflege und Wohnen jederzeit mit geringen Eingriffen wie der Zusammenlegung von Zimmern anpassen. Die Bewohnerbäder der Wohngruppen können leicht zu kleinen Küchen umgebaut werden. Die Anlage wird insgesamt Zimmer für 172 Bewohner in der Pflege und 58 Wohnungen umfassen.

Dieses integrative Modell kann aber nur gelingen, wenn das Wohnen nicht als Teil der Pflegeeinrichtung wahrgenommen wird. Die Innenraumgestaltung im Sinne einer eigenen Adresse unterstreicht den autarken Charakter der Wohnungen. Auch die vertikale Erschließung ist getrennt organisiert, sodass sich im Alltag keine Berührungspunkte der Bewohnergruppen ergeben.

Im Erdgeschoss stehen allen Bewohnern des Hauses und des Quartieres diverse Serviceeinrichtungen offen. Das Konzept sieht u. a. ein Ärztezentrum, eine Apotheke, eine Bibliothek, ein Restaurant und Flächen für Gewerbe und Einzelhandel vor, die den Komplex mit dem Stadtraum als neuer Mitte verbinden. Mit diesem modularen Konzept wird die volle Bandbreite zwischen Wohnen und stationärer Pflege – inklusive aller Zwischenformen wie betreutes Wohnen oder Tagespflege – gemeinsam mit unterstützenden Dienstleistungen unter einem Dach angeboten.

An der Bernstrasse bildet der Eingangshof die Hauptadresse des Ensembles.

Lageplan

Das zentrale Foyer mit Empfang

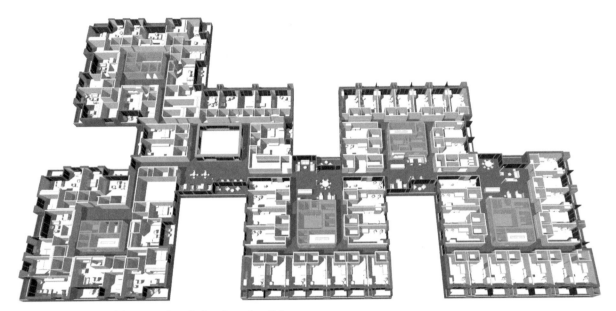

In der Isometrie wird die mäandernde Struktur deutlich.

Jede Pflegewohngruppe verfügt über einen Aufenhaltsraum mit direktem Balkonzugang.

Die Etagenlobbys des Service-Wohnens dienen als kommunikative Mittelpunkte mit hoher Aufenthaltsqualität.

Der Außenraum steht der Nachbarschaft offen.

altenheim und bibliothek actur

Saragossa, Spanien

Architektur
Carroquino/Finner
Arquitectos

Bauherr
Ayuntamiento de
Zaragoza, Suelo y
Vivienda de Aragón

Planungszeit
06/2005–08/2006

Bauzeit
10/2006–04/2008

**Bruttogeschoss-
fläche**
3.020 m²

Als die Benjamín-Jarnés-Bibliothek im Stadtteil Actur der spanischen Stadt Saragossa nicht mehr den nötigen Platz hatte, um ihren Auftrag erfüllen zu können, wurde auf Empfehlung des städtischen Kulturausschusses der Bau eines neuen soziokulturellen Zentrums vorgeschlagen, in dem auch die Bibliothek Platz finden sollte. Zur Schonung personeller und materieller Ressourcen einigte man sich auf ein Gebäude, in dem sowohl ein Altenheim als auch die Benjamín-Jarnés-Bibliothek untergebracht werden könnten.

Das Gebäude hat drei Stockwerke und ein Untergeschoss und wurde aus vorgefertigten Bauteilen errichtet, um Zeit zu sparen, Kosten zu minimieren und Baufehler zu vermeiden. Es ist um einen offenen zentralen Innenhof angeordnet, der die Stockwerke miteinander verbindet und das Gebäude mit Tageslicht versorgt. Die für ältere Menschen vorgesehenen Räume wurden zur leichteren Erreichbarkeit so weit wie möglich ebenerdig angeordnet. Die großzügige Eingangshalle verbindet das Gebäudeinnere mit den beiden Parallelstraßen und führt den äußeren öffentlichen Raum in das Gebäude fort. An den Veranstaltungssaal, der sich in unmittelbarer Nähe des Einganges befindet, schließt sich ein multifunktionaler Raum an, der sich für unterschiedlichste Anlässe nutzen lässt, die in Verbindung mit ersterem stattfinden können.

Charakteristisch für das Projekt sind seine Anpassungsfähigkeit und Flexibilität. So lassen sich verschiedene Räume öffnen und wieder schließen, ohne dass dadurch der allgemeine Betrieb im Gebäude beeinträchtigt wird. Die für ältere Menschen bestimmten Bereiche befinden sich, wie bereits erwähnt, in den unteren Etagen des Gebäudes. Der Gymnastikraum ist im Untergeschoss untergebracht, der Veranstaltungssaal im Erdgeschoss und die Lesesäle und Arbeitsräume im ersten Stock. Schulungs- und Arbeitsräume lassen sich mit verschiebbarern Wandelemente voneinander trennen oder miteinander verbinden.

Durch die geringe Zahl der Öffnungen in der Außenfassade lässt sich das Klima im Gebäude besser steuern. Größere Öffnungen erlaubt dagegen der Innenhof dank der Verwendung einer wärmebrückenfreien vorgehängten Fassade und beschichteten Wärmedämmglases.

Außenansicht Eingangshalle der Bibliothek

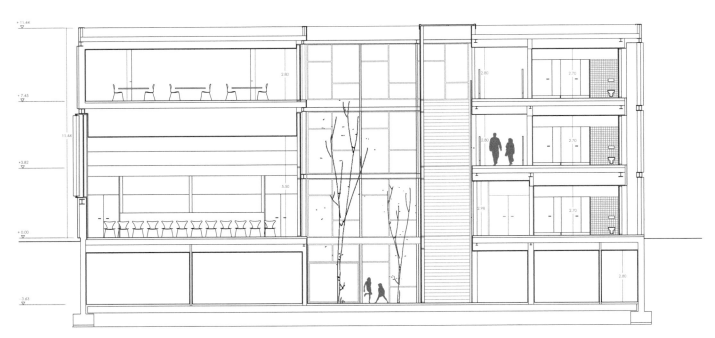

Schnitt Bibliothek und multifunktionale Räume

Großräumiger Eingangsbereich

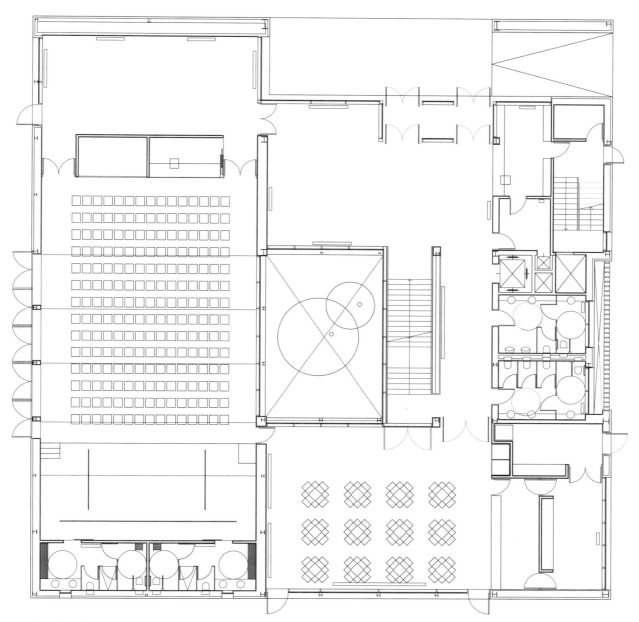

Grundriss Erdgeschoss

Zentraler Lichthof

Fassadengestaltung durch unterschiedliche Materialien

altentagesstätte vialonga

Lissabon, Portugal

Architektur
Miguel Arruda
Arquitectos
Associados Lda./
Miguel Arruda

Bauherr
TNS 3

Planungszeit
07/2005–06/2007

Bauzeit
04/2007–02/2008

**Bruttogeschoss-
fläche**
600 m²

Die Altentagesstätte in Vialonga, einer Trabantenstadt mit allen charakteris-tischen Defiziten, befindet sich im Einzugsgebiet von Lissabon. Die Bevölke-rung lässt sich im Wesentlichen in zwei Gruppen unterteilen: auf der einen Seite die Werktätigen, auf der anderen ältere Menschen, die ihre Freizeit mit der Familie, Freunden oder Bekannten verbringen und sich in den Cafés und Kneipen des Viertels oder in den wenigen Grünanlagen zum Plausch treffen oder Karten spielen.

Diese Altentagesstätte ist das Ergebnis des Anliegens der Stadtverwaltung, älteren Menschen einen Raum der Begegnung und Interaktion zu geben, an dem sie gleichzeitig auch Annehmlichkeiten wie eine Kantine, einen Behandlungsraum und einen Frisiersalon vorfinden. Formal und konzeptionell sollte ein einzelnes Bauobjekt entstehen. In diesem sozialen, kulturellen und urbanen Kontext ist das Haus ein Bezugspunkt, der sich von der umgebenden Bebauung in Form und Größe abhebt.

Ausgehend von einer reinen Quaderform, gaben die Architekten jeder Gebäude-kante eine andere Bauhöhe, woraus sich zwangsläufig unterschiedliche Decken-höhen im Innern ergaben, die jeweils einer bestimmten Funktion zugeordnet sind. Außen wurde damit eine Konstellation aus nichtrechtwinkligen Fassaden erreicht, sodass das Dach eine „traditionelle" Form mit zwei Schrägen hat. Als Ergebnis einer Subtraktion entstand ein offener Innenhof im Zentrum des Gebäudes, der ein noch größeres Zusammenspiel mit nahezu allen Innenräumen ermöglicht und zudem für natürliche Belichtung und Belüftung sorgt. Auf der Nordseite wurde die Front nach innen geknickt, um für die älteren Menschen, die mit Fahr-zeugen gebracht werden, einen überdachten Zugang zu schaffen. Die dadurch entstehende großzügige Fläche betont den Haupteingang, dient aber auch als Schutz gegen ungünstige Witterung.

Die äußere Erscheinung sollte von Beginn an von der Verwendung eines einzigen Materials bestimmt sein, das sowohl als Wand- wie auch als Dachoberfläche dient, um der Architektur ein abstraktes Gepräge zu geben. Das Ergebnis ist ein Gebäude, das sich bewusst nicht dem Stereotyp des „Altenheimes" zuordnen lässt. Die Menschen, die hier täglich ein- und ausgehen, sind voll des Lobes für die Architektur. Das Gefühl der Nutzer, eine wichtige Rolle bei der soziokulturellen Regeneration dieses Viertels zu spielen, soll sich auch im ausdrucksstarken Erscheinungsbild der Tagesstätte widerspiegeln.

Nordseite mit Haupteingang

 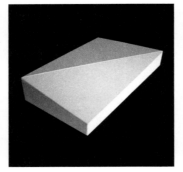 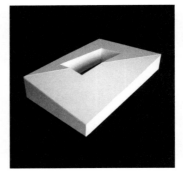 

Konzeptstudie

Überdachter Eingangsbereich

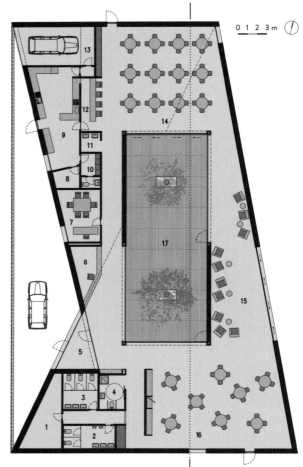

Grundriss/Raumkonzept		9	Küche
1	Lagerraum	10	Garderobe
2	Herren-Toiletten	11	Waschraum
3	Damen-Toiletten	12	Bar
4	Behinderten-Toiletten	13	Garage
5	Eingang	14	Speiseraum
6	Empfang	15	Lounge
7	Besprechungszimmer	16	Aktivitätsraum
8	Lagerraum	17	Offener Innenhof

Offener, rechteckiger Innenhof

Helle Fassade auf der Südseite

Sichtbeziehungen nach außen

In den Innenräumen kontrastieren Orange-Töne die weißen Flächen.

de hogeweyk

Dorf für Menschen
mit Demenz

De Hogeweyk, Niederlande

Architektur
Dementia Village
Architects,
Niederlande

Innenarchitektur
Verpleegehuis
Hogewey und
Dementia Village
Architects,
Niederlande

Bauherr
Hogewey
Vivium Zorggoep,
Niederlande

Bauzeit
1. Bauabschnitt
bis 04/2008,
2. Bauabschnitt
bis 12/2009

**Bruttogeschoss-
fläche**
11.500 m²

Streitbar in der Theorie – lebensnah in der Praxis: So könnte kurz zusammengefasst das Fazit über das Projekt De Hogeweyk lauten. Statt Pflege steht das
Wohnen im Fokus, notwendige Pflegeleistungen werden individuell ergänzt.
Obwohl die Bewohner das Gelände nicht verlassen sollen, können sie sich im
Umfeld „frei" bewegen. Vom Supermarkt über die Arztpraxis, den Friseur,
das Restaurant, das Theater, kleine Geschäfte und verschiedene Clubräume findet
sich „die ganze Welt" in De Hogeweyk. Als bisher einzigartig hat die Nieder-
ländische Alzheimerstiftung dem Projekt das Prädikat „vorbildlich" verliehen.

Das Gelände in Weesp, einem kleinen urbanen Vorort südwestlich von Amsterdam
gelegen, entspricht mit seinen rund 15.000 Quadratmetern der Größe eines
Straßenblockes. Die Grundstücksgrenze ist mit 23 Wohnungen zweigeschossig
umbaut; unterschiedliche Oberflächen lassen den Eindruck entstehen, als han-
dele es sich in Anlehnung an das Umfeld um aneinandergereihte einzelne Häuser.

Nach innen hin öffnet sich die Struktur mit kleinen Wohnhöfen und begrünten Plätzen, Gärten und dem zentralen „Boulevard". Er umfasst Geschäfte und
eine Arztpraxis, die die Bewohner versorgt. Im Obergeschoss verbinden Stege
die Bereiche horizontal, Fahrstühle und Treppen dienen der vertikalen Verbindung der Ebenen. Der zentrale Eingang fungiert als „Sicherheitsschleuse",
sodass Bewohner, die das Gelände verlassen wollen, vom Personal bemerkt und
zurück in ihre Wohngruppe geführt werden können.

In den Wohnungen leben jeweils sechs, sieben Bewohner betreut von einem
festen Team von Pflege- und Betreuungspersonal. Jeweils zwei Mitarbeiter –
ohne Dienstkleidung – sind gleichzeitig in der Wohnung anwesend. Angelehnt
an die Ansätze des Wohngruppenmodells stehen Aspekte wie Alltagsgestal-
tung, Normalität, Selbstbestimmung und das Leben in Gemeinschaft im Fokus.
Die Wohnungen sind durch unterschiedliche Parameter wie z. B. den Zuschnitt
oder die Material- und Farbwahl nach sieben unterschiedlichen Lebensstilen
gestaltet. Diese schließen auch Aspekte wie kulturelle Gewohnheiten bis hin zur
Art und Weise der Sprache und des Umganges miteinander ein.

Bei aller Differenziertheit stehen Bauten, Wege und Plätze in klaren Blickbeziehungen zueinander. Die Prägnanz des räumlichen Ausdruckes zusammen mit der Vielfalt der Eindrücke schaffen die Orientierung und verleihen den Eindruck von Normalität. Dass es sich dabei um eine Inszenierung handelt, haben die Gestalter in ihrer soliden Ausführung der Baukörper verbergen können. Auch alles andere kommt „echt" daher: So ist der Supermarkt mit frischen Waren für die Bewohner bestückt. Obwohl die Initiatoren von De Hogeweyk ihre Vision von der Entinstitutionalisierung bereits mit diesem Projekt verwirklichen konnten, betonen die „Macher", mit ihrem Konzept noch nicht am Ende zu sein. Wegen der großen Nachfrage gibt es bereits Überlegungen, das Projekt auszubauen. Ein Nachbargrundstück ist gesichert.

Begrünter Wohnhof

Alles eine Fassade. Als Ensemble verklinkerter Reihenhäuser schließt die Bebauung den Straßenblock nach Süden hin ab.

Umgebende Bebauung in Vogelperspektive

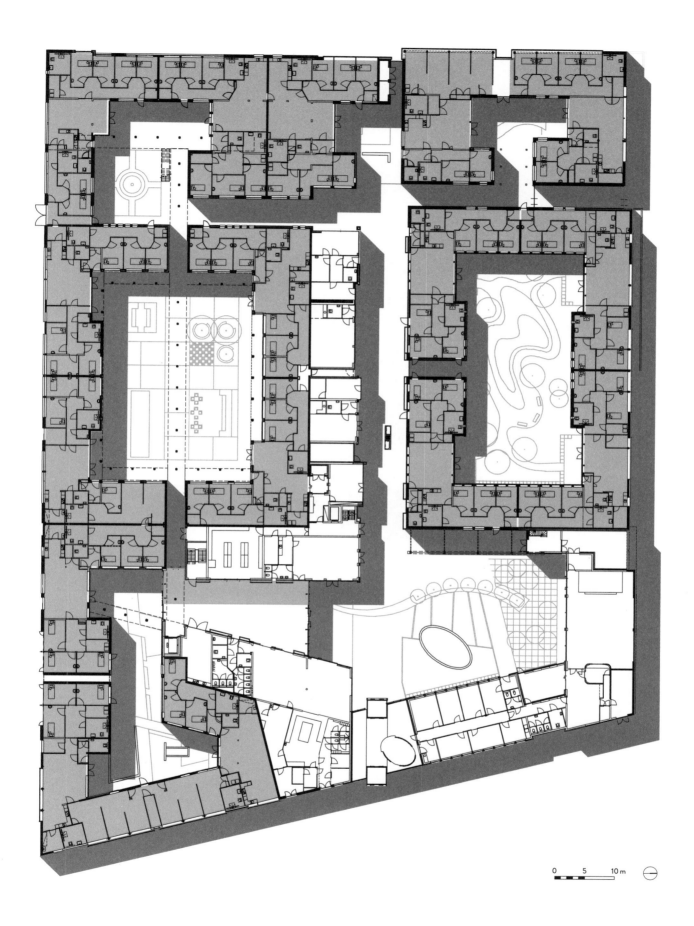

Häuser umgeben Höfe und Plätze. Lageplan und Grundriss der gesamten Anlage

0   5   10 m

Platz zum Gärtnern

Hof mit Grünfläche

Lebensstil „häuslich"

Lebensstil „kulturell interessiert"

Lebensstil „wohlhabend"

die stadt als urbanes spielbrett

Perspektiven für Demenz und die Entwicklung von Städtespielen

Eleni Kolovou

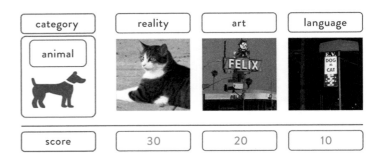

In Spieltests für Menschen mit leichter Demenz wird erforscht, ob entsprechend gestaltete Apps auf Smartphones eine Orientierungshilfe sein könnten.

Mit dem Einsatz von Informations- und Kommunikationstechnologien (ICT) werden den Städtern derzeit bessere Möglichkeiten zum Erleben des Stadtraumes an die Hand gegeben. Räumliche Wahrnehmung wird durch Datenverbreitungskanäle, drahtlose Netzwerke und Information Dynamics gefiltert. Dementsprechend entwickelt sich der Kern der Gesellschaft im öffentlichen Raum rasch hin zu einer digital-interaktiven Community, die Beziehungen auf der Basis räumlichen Bewusstseins und eines gemeinsamen Informationsumfeldes teilt. Diese Entwicklung vollzieht sich zeitgleich mit einer anderen deutlichen Veränderung im städtischen Kontext, und zwar der Tatsache, dass die Menschen, die diesen sich vielfältig entwickelnden Raum bevölkern, älter werden. Gerade im Bereich Sicherheit, Barrierefreiheit und soziale Inklusion stellt die alternde Gesellschaft die Stadtplanung vor Herausforderungen. Ein großes Thema in der Stadtplanung ist die in Verbindung mit Alzheimer beobachtete „topografische Desorientierung", die von Pai und Jacobs[1] beschrieben wird als das zunehmende Unvermögen eines Menschen, die Orientierung zu behalten, einen Weg zu finden und sich in seiner Umgebung zurechtzufinden. Wenngleich man in der Architektur und in der Stadtplanung bereits bemüht ist, auf die Bedürfnisse von Menschen mit mentalen oder kognitiven Beeinträchtigungen einzugehen, bedarf die Einbindung von ICT-Netzwerken im städtischen Raum zu diesem Zweck noch weiterer Untersuchungen.

Der öffentliche Raum, sowohl als Gesamtheit visueller Reize als auch als Bereich, in dem man Stadt erfährt, ist eng verbunden mit dem Gedanken des „Spielens" im literarischen Sinne. Nach den Situationisten gehört der Akt des Spielens zu den sozialen Kerntätigkeiten und findet zu jedem beliebigen Zeitpunkt im städtischen Raum statt. „Die Form des städtischen Raumes schafft die Bedingungen für den Zufall, aus dem sich unterschiedliche Arten spielerischer Betätigung ergeben", schreibt Stevens.[2] Auch in der Behandlung von Demenz findet Spielen Berücksichtigung, und zwar insofern, als kognitiv stimulierende Freizeitbeschäftigungen das Einsetzen der Demenz bei zu Hause wohnenden Senioren verzögern können.[3] Die Forschung versucht derzeit herauszufinden, inwieweit realitätsnahe Simulationen und generische Videospiele in der Lage sind, die kognitiven Fähigkeiten von Alzheimerpatienten zu stimulieren.[4] Spielen als ein Prozess des Erinnerns und Identifizierens bietet also eine ganze Reihe von Möglichkeiten zum Experimentieren mit der Wahrnehmung des städtischen Raumes, der Schaffung von Erinnerungen, Fixpunkten und Leitsystemen in der Stadt – Themen, die für Menschen mit Demenz von überragender Bedeutung sind.

Das Spielen im öffentlichen Raum spiegelt die Dynamik einer komplexen, vielschichtigen urbanen Realität, und dieser Situation, wie sie heute ist, passen sich auch Spiele an: Immer häufiger gehen Menschen im öffentlichen Raum Freizeitbeschäftigungen nach, die mit mobiler Technologie zu tun haben. Aber die Beliebtheit mobiler Endgeräte hat auch einen bedeutenden Einfluss auf das Gesundheitswesen. In der Gesundheitsversorgung finden Apps und mobile Dienstleistungen immer häufiger Anwendung, etwa bei der Behandlung chronischer Erkrankungen oder bei der Unterstützung von älteren Menschen.[5] In der demenzbezogenen Pflegeforschung können Patienten und Pflegekräfte inzwischen auf innovative Methoden zurückgreifen, die auf mobiler Technologie basieren; GPS-Ortung und Routenplanung zählen ebenso dazu wie Gedächtnistrainer und Assoziationsspiele. In diesem Zusammenhang wird

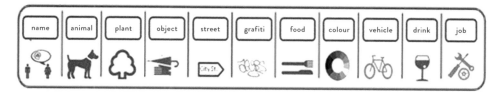

Realität, Kunst und Sprache bezeichnen die drei Ebenen, auf denen sich die vom Spieler gewählten Informationen abrufen lassen.

derzeit *CITYgories*[6], die Adaption eines hybriden Stadtspieles, als Verbindung zwischen Stadt und Gedächtnis mittels mobiler Technologie erforscht.

CITYgories ist eine digital neu interpretierte, auf das städtische Umfeld heruntergebrochene Variante des Spieles Stadt, Land, Fluss. Hier dient die Stadt gewissermaßen als urbanes Spielbrett: Der Spieler soll mit der gewohnten Umgebung interagieren, auf fantasievolle Weise mit unvorhersehbaren Begegnungen im Kontext der Stadt umgehen. Das urbane Netz wird aus dem Blickwinkel des Spielers decodiert und in Kategorien zerlegt. Die Plattform des Spieles gibt den digitalen Raum vor, in dem Daten aus dem physischen Raum klassifiziert werden, während die Spieler den mentalen Prozess von Beobachten, Erinnern und Überprüfen durchlaufen. Mobiltelefone bieten sich als Werkzeug für das unmittelbare Spielen an. Die Qualität der Informationen aus den vom Spieler erzeugten Inhalten unterteilt sich in drei Ebenen: Realität, Kunst und Sprache. Im Spiel werden Begriffe für physische Gegenstände im öffentlichen Raum gesucht, aber auch deren bildliche Darstellung in öffentlichen Medien oder ihre geschriebene Wiedergabe in der Werbung oder auf öffentlichen Schildern. Die vielen unterschiedlichen Reize, die von den miteinander konkurrierenden Materialien ausgehen, werden hierarchisch sortiert, und zwar nach dem Informationsgehalt des jeweiligen Elementes. Entsprechend funktioniert auch das Evaluierungssystem in der Benotungsphase. *CITYgories* soll als spielerischer Rahmen für die Studie gelten, und aus diesem Grund werden Plattform und Interface des Spieles auch jeweils den Bedürfnissen der Studie angepasst.

Das Spiel erlaubt eine andere Sicht auf die gemeinhin als „alltäglich" bezeichnete Umgebung. In diesem Fall ist die räumliche Erfahrung als zielorientierter Spielprozess zu sehen, bei dem die Spieler durch die Stadt spazieren, um ihre Suche mithilfe dieser „Fortbewegungsmethode" anzugehen.[7] Für Menschen mit Demenz und ihre Pfleger könnten sich aus dieser Methode Schnittmengen bei der Kartierung und Visualisierung von Strecken ergeben, denn Forschungen haben ergeben, dass Demenzpatienten, um sich zu orientieren, eher visuelle Bezugs- und Orientierungspunkte nutzen als Karten oder ausformulierte Wegbeschreibungen. In Zusammenarbeit mit dem griechischen Alzheimerbund werden in diversen Demenz-Tagespflegeeinrichtungen Spieltests lanciert, an denen Patienten mit leichter Demenz oder leichten kognitiven Erkrankungen teilnehmen. Die Ergebnisse dieser Spieltests werden evaluiert, um daraus den Einfluss des Spieles auf das Orientierungsvermögen und die kognitiven Fähigkeiten der Patienten ableiten zu können. Das gesammelte Material kann als Ausgangspunkt für die Erforschung der Wahrnehmung des städtischen Raumes durch die Augen von Menschen mit beeinträchtigtem Erinnerungs- und Orientierungsvermögen dienen. Die Spieltests können als Grundlage für eine Weiterentwicklung des interaktiven Spieles dienen, die sich an den Fähigkeiten der Patienten ausrichtet. Der Einsatz von Smartphones als intuitive Kartierungsgeräte zum Protokollieren und Abrufen von Erinnerungen sollte näher erforscht werden, um die Stadtlandschaft selbst in einen Kompass für Menschen mit Demenz im Frühstadium zu verwandeln.

1 M. C. Pai und W. J. Jacobs: „Topographical disorientation in community-residing patients with Alzheimer's disease", in: *International Journal of Geriatric Psychiatry*, 19 (2004), 3, S. 250–255.

2 Q. Stevens: *The Ludic City: Exploring the Potential of Public Spaces*, London 2007, S. 38.

3 T. N. Akbaraly et al.: „Leisure activities and the risk of dementia in the elderly: results from the Three-City Study", in: *Neurology*, 73 (2009), 11, S. 854–861.

4 F. Imbeault, B. Bouchard und A. Bouzouane: *Serious games in cognitive training for Alzheimer's patients*, Serious Games and Applications for Health (SeGAH), IEEE 1st International Conference, 2011, S. 1–8.

5 D. H. West: „How mobile devices are transforming healthcare", in: *Issues in Technology Innovation*, 18 (2012), Nr. 18, S. 1–14.

6 http://citygoriesgame.com, entwickelt 2012 von bIZZ (Alexandra und Eleni Kolovou), Webprogrammierung von Gabriel Karpathios und Angelis Pangtelis; „Best in Fest"-Preis beim Athens-Plaython-Festival 2012; Vorstellung auf der GameCity 7 und der I-Tag Exhibition Conference in Nottingham 2012.

7 J. Fillon: „New Games", in: U. Conrads (Hrsg.): *Programs and manifestoes on 20th-century architecture*, Cambridge, Mass.: 1975, S. 155.

stadt

und

land

Eingebettet in die dörfliche Umgebung. Zentrum für Geriatrische Psychiatrie in Pfäfers (Schweiz). huggenbergerfries Architekten, 2010

landkarten
der demenz

Wie können wir uns auf morgen vorbereiten, was müssen wir planen?

Sabine Sütterlin

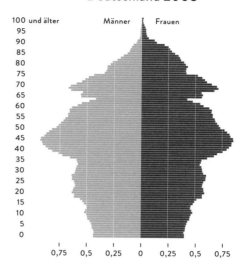

Deutschland 2008

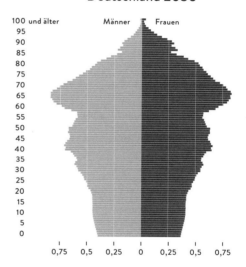

Deutschland 2030

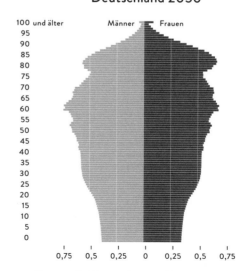

Deutschland 2050

Raum für Erinnerungen

Das Wohnzimmer meiner Großeltern existiert nicht mehr. Das Haus im Basler Rheinhafen- und Industriequartier Kleinhüningen ist längst grundsaniert und umgebaut worden. Aber ich erinnere mich genau, wie die „Stube" eingerichtet war, wie sie roch und wie rau sich die halbleinenen Zierkissen auf dem Bettsofa in der Ecke anfühlten, auf dem ich schlief, wenn ich als Kind die Ferien bei Oma und Opa verbrachte.

Das Wohnzimmer lag auf der dritten Etage. Eines Tages versuchte mein Großvater gerade, aus dem Fenster zu steigen, als meine Großmutter eintrat. Nur mit Mühe konnte sie ihn davon abhalten. Er war wohl durcheinandergeraten, so die Erklärung, und hatte sich in dem eingeschossigen Arbeiterhaus seiner Kindheit gewähnt, von wo aus er und seine drei Brüder gern durchs Fenster in den Hof kletterten.

Von Demenz sprach damals, Anfang der 1980er Jahre, noch niemand. Erst am Ende jenes Jahrzehnts gelangte der Begriff „Alzheimer" aus den USA zurück nach Europa, wo der deutsche Nervenarzt Alois Alzheimer die Erkrankung zu Beginn des 20. Jahrhunderts erstmals beschrieben hatte, und begann allmählich ins Bewusstsein der Öffentlichkeit zu dringen. Der allgemeinere Terminus „Demenz" kam noch später auf.

In meiner Verwandtschaft nahm man das sonderbare Verhalten meines Großvaters halb amüsiert, halb besorgt als vorübergehende Verwirrung eines Greises hin. Im Herbst 1984 starb er mit 89 Jahren. Nur ein Jahr später kam meine Großmutter wegen eines Oberschenkelhalsbruches ins Krankenhaus, wo sie nach einigen Monaten ebenfalls starb. Ihre Kinder und Enkel erkannte sie in dieser Zeit nur noch sporadisch.

Bevölkerungsaufbau nach Altersjahren in Deutschland 2008, 2030 und 2050 in Prozent (Datengrundlage: Statistisches Bundesamt Deutschland, 12. koordinierte Bevölkerungsvorausberechung Variante 1-W2)

Ihre Hände, die ihr Leben lang unentwegt gekocht, gegärtnert, gestrickt, genäht oder gepflegt hatten, beschäftigte sie derweil damit, ein Papiertaschentuch nach dem anderen aus einer Schachtel zu ziehen und fein säuberlich in Streifen zu reißen.

Auch mein Onkel, der Bruder meiner Mutter, konnte seine nächsten Angehörigen am Ende seines 88-jährigen Lebens zuweilen nicht mehr richtig einordnen. Seine Frau erzählt, mitunter habe er an seinem Schreibtisch mit leerem Blick Papiere hin und her geschoben, um dann vor der Erkenntnis, dass er dem Geschriebenen keinen Sinn mehr abgewinnen konnte, gleichsam zu flüchten: „Komm, lass uns ein bisschen mit dem Auto wegfahren."

Fast jeder kennt solche Geschichten von älteren Menschen in unmittelbarer Nähe oder hört sie zumindest um eine Ecke herum von Bekannten. Künftig werden sie uns häufiger begegnen. Denn ab 65 nimmt die Wahrscheinlichkeit, eine Demenz zu entwickeln, allmählich zu, und ab 80 steigt sie deutlich an. Zurzeit zählt jeder 20. Bewohner Deutschlands über 80 Jahre. Infolge der rasanten Alterung der Gesellschaft, die Deutschland erlebt, wird im Jahre 2030 etwa jeder Dreizehnte 80 Jahre alt oder älter sein, 2050 jeder Siebte.

Irgendwann dazwischen werde auch ich – vorausgesetzt, ich bleibe in der statistischen Lebenserwartung meiner Altersgruppe – zu den Hochaltrigen stoßen und wird vielleicht mein Gedächtnis schwinden. An welche der vielen Wohnungen, in denen ich gelebt habe, werde ich mich dann wohl erinnern? Und wie viele Menschen werden meine möglichen Erinnerungsorte kennen?

Im *Demenz-Report* hat das Berlin-Institut für Bevölkerung und Entwicklung diese Entwicklungen analysiert, im Besonderen für die einzelnen Regionen Deutschlands, Österreichs und der Schweiz. Der folgende Beitrag fasst die wichtigsten Ergebnisse zusammen. Der vollständige Bericht steht im Internet zum Herunterladen bereit (www.berlin-institut.org).

Wenn die Bevölkerung altert, gibt es mehr Menschen mit Demenz

Die Wahrscheinlichkeit, an Demenz zu erkranken, nimmt mit dem Alter zu. Einzige Ausnahme ist die familiär bedingte Alzheimerkrankheit, die schon vor dem 60. Lebensjahr auftreten kann. Sie kommt jedoch extrem selten vor. Bis dato gibt es keine eindeutigen Hinweise darauf, dass ältere Menschen in bestimmten Regionen, Kulturen oder Völkern seltener dement werden als ihre Altersgenossen anderswo. Während eine Bevölkerung altert, steigt also auch der

Anteil an Menschen mit Demenz. 2009 betrug der Internationalen Alzheimer-Vereinigung (ADI) zufolge der Anteil Demenzkranker weltweit 4,7 %, wobei Westeuropa mit 7,2 % den höchsten Wert aufwies, Westafrika mit 1,2 % den niedrigsten.

Allerdings beherbergen die ärmeren Länder schon heute mehr als die Hälfte aller Demenzkranken, aufgrund ihrer schieren Bevölkerungsgröße. Aber auch diese heute noch jungen Länder werden altern. Mit der wirtschaftlichen Entwicklung sinken erfahrungsgemäß die Kinderzahlen, während die Lebenserwartung steigt. Dieser Prozess verläuft in den sich entwickelnden Ländern deutlich schneller, als er sich in den früh industrialisierten Staaten vollzogen hat.

Zeitversetzt, aber dafür schneller und heftiger als dort wird somit auch in den Entwicklungs- und Schwellenländern der Anteil an Menschen mit Demenz steigen. Nach den Berechnungen der ADI-Experten von 2009 ist davon auszugehen, dass die Anzahl der Menschen mit Demenz bis 2030 in den Ländern mit niedrigem und mittlerem Einkommen, deren Bevölkerungen weiterhin wachsen, am stärksten ansteigt. Die höchsten Zuwachsraten sind in Nordafrika und im Mittleren Osten zu erwarten, gefolgt vom nördlichen Lateinamerika sowie von Süd- und Ostasien. Im Jahre 2050 könnten bereits über 70 % aller Menschen mit Demenz in den ärmeren Ländern leben.[1]

Europa altert und schrumpft

Als Folge der seit Jahrzehnten niedrigen Kinderzahlen hat vor allem in Europa vielerorts bereits das Schrumpfen eingesetzt: in Deutschland, Italien, den baltischen Staaten sowie großen Teilen Ost- und Südosteuropas. Auch Einwanderung kann dort den fortschreitenden Geburtenrückgang nicht mehr kompensieren.

Deutschland und Italien weisen schon heute die ältesten Gesellschaften Europas auf. Der Anteil der Bevölkerung, der 65 Jahre und mehr zählt, beträgt in beiden Ländern gut 20 %. Damit liegen die beiden Nationen deutlich über dem Mittel von 18 % in Westeuropa und 16 % in allen Industriestaaten zusammengenommen. In Nordamerika beträgt der Anteil 13 %, in China 9 % und im Mittel der Entwicklungs- und Schwellenländer 5 %. Weltweit ist nur ein Land noch älter: In Japan haben bereits 24 % der Einwohner den 65. Geburtstag überschritten.[2]

Wenn die Babyboomer ins Rentenalter kommen

Am Beispiel Deutschlands lässt sich gut zeigen, welche künftigen Herausforderungen sich aus der Alterung und Schrump-

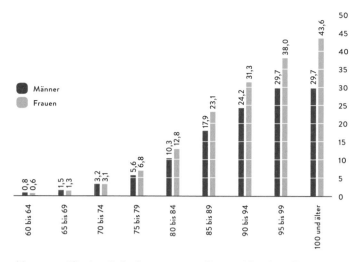

Altersspezifische Prävalenzraten in Deutschland in Prozent nach Geschlecht [3]

■ Männer
■ Frauen

fung der Bevölkerung ergeben – nicht nur, aber auch durch demenzielle Erkrankungen.

Die Mehrheit der heutigen Generation über 65-Jähriger in Deutschland war sozialversichert und konnte in der Phase des Wiederaufbaus und des Wirtschaftswunders auch Rücklagen bilden[4]. Diese älteren Menschen haben vergleichsweise gute Chancen, betreut zu werden, wenn sie wegen Gebrechlichkeit oder Demenz auf Pflege angewiesen sind bzw. sein werden. Denn noch prägen die geburtenstarken Jahrgänge der „Babyboomer" die Gesellschaft – jene gut 1,2 Millionen Kinder, die zwischen 1959 und 1968 auf gesamtdeutschem Gebiet pro Jahr zur Welt kamen. Sie sind heute im „besten Alter" und stellen nicht nur einen gewichtigen Teil der erwerbstätigen Bevölkerung, somit auch der Einzahler in die Sozialsysteme. Als professionelle Pflegekräfte betreuen sie auch die Alten; als Töchter, Söhne oder Schwiegerkinder werden sie sich bald um pflegebedürftige Angehörige kümmern.

Um das Jahr 2030 herum werden die Babyboomer jedoch ihren 65. Geburtstag erreichen. Danach setzt ein wahrer Alterungsschub ein: Relativ viele Menschen gelangen an die Spitze der einstigen Bevölkerungspyramide. Die 1964 Geborenen zählen fast doppelt so viele wie die 1980er Jahrgänge. Spätestens von 2030 an werden sie „die sozialen Systeme der Alters- und Krankenversicherung vor große Herausforderungen stellen, aber auch dem Bild vom Alter neue Facetten hinzufügen", heißt es in einem „demografischen Porträt" des Deutschen Zentrums für Altersfragen.[5] Auch wirtschaftlich sind die Babyboomer, jedenfalls in Deutschland, schlechter abgesichert als ihre Eltern heute: Wenn sie alt sind, gibt es nicht mehr viel zu verteilen. Nach Einschätzung des Deutschen Institutes für Wirtschaftsforschung könnten die Renten

bereits im Jahre 2020 vor allem in den neuen Bundesländern für viele Menschen unter die Grundsicherungsgrenze fallen.[6] Nach dem „Deutschen Alterssurvey", einer bundesweiten Befragung der Bevölkerung in der zweiten Lebenshälfte, ist davon auszugehen, dass immer weniger Menschen auf privates Vermögen zugreifen können, um die mit der Rente einhergehenden Einkommensverluste auszugleichen.[7]

Das Verhältnis zwischen Jung und Alt dürfte sich erst um 2050 herum wieder etwas ausgleichen, wenn die Babyboom-Jahrgänge ihr Lebensende erreichen und die geburtenschwächeren Nachfolgejahrgänge ins Rentenalter vorrücken.

Da die Wahrscheinlichkeit, an Demenz zu erkranken, ab einem Alter von 65 steigt, lässt sich die Zunahme der Fälle aufgrund der Jahrgangsstärke relativ sicher voraussagen. Für Deutschland hat das Fritz Beske Institut für Gesundheits-System-Forschung berechnet, dass sich die Zahl Demenzkranker von 1,1 Millionen im Jahre 2007 bis 2050 etwa verdoppeln könnte. Da die Gesamtbevölkerung dann jedoch auf rund 69 Millionen geschrumpft sein dürfte, beträgt der relative Anstieg 144 %.[8]

Stadt und Land
Wie gut die künftigen Demenzkranken versorgt sind, hängt davon ab, wo sie leben. Demenz tritt auf dem Land nicht häufiger auf als in einem urbanen Umfeld. Aber die Herausforderungen durch Demenz sind in den Regionen am größten, die heute schon eine fortgeschrittene Alterung erreicht haben, wo die Jungen abwandern und die zurückbleibenden Älteren zum Teil von Armut bedroht sind; wo kaum noch eine angemessene medizinische Versorgung aufrechtzuerhalten ist, weil Ärzte nicht in die ohnehin dünn besiedelten Landstriche ziehen möchten. Und die Kommunen, heute schon klamm, werden auch in Zukunft deutlich weniger finanzielle Mittel zur Verfügung haben als in anderen Regionen.

Das lässt sich an den „Landkarten der Demenz" deutlich ablesen, in denen sich die derzeitige und die künftige Bevölkerungsstruktur 2025 in den einzelnen Regionen Deutschlands sowie Österreichs und der Schweiz widerspiegeln. Die beiden mehrheitlich deutschsprachigen Nachbarländer der Bundesrepublik weisen insgesamt eine noch etwas jüngere Bevölkerung auf, sie haben jedoch etwas zeitversetzt die gleichen Entwicklungen zu erwarten.

In Deutschland ist vor allem der Osten des Landes betroffen. In abgeschwächter Form gilt dies für die entlang des ehemaligen Eisernen Vorhanges gelegenen Gebiete Österreichs. Die ländlichen Regionen am Alpenrand, deren Bewohner es mehr und mehr in die großen Agglomerationen zieht, haben ebenfalls schon mit der veränderten Bevölkerungszusammensetzung zu kämpfen.

Die „Betreuungslandkarten" geben für jede Region an, wie viele Hochbetagte auf 100 Personen der nächstjüngeren Generation kommen, die rein theoretisch die Älteren unterstützen könnten, ob als Angehörige oder Hauptberufliche. Naturgemäß fällt dieses Verhältnis schon heute dort vergleichsweise ungünstig aus, wo die Wirtschaft zu wenige Arbeitsplätze bietet, um die Bevölkerung zu halten. Solche Abwanderungsregionen sind beispielsweise in Deutschland der Harz oder das frühere Randgebiet an der deutsch-deutschen Grenze, Lüchow-Dannenberg. Die Schweiz weist vergleichbare Werte in Schaffhausen und Appenzell auf. In einigen Regionen führt Zuwanderung von älteren Menschen zu einem relativ geringen Betreuungspotenzial; die meist gut betuchten Rentner, die es etwa nach Garmisch-Partenkirchen oder Baden-Baden zieht, können sich allerdings Betreuungsdienste leisten.

Innerhalb von 15 Jahren verändert sich das Verhältnis von sehr alten und somit eventuell pflegebedürftigen Menschen zu potenziellen Betreuungspersonen dramatisch. Am ungünstigsten ist das Verhältnis dann in den alten Industrieregionen im Westen, die infolge des wirtschaftlichen Strukturwandels Arbeitsplätze und somit durch Abwanderung junge Bevölkerung verloren haben, sowie fast im gesamten Osten Deutschlands. In Österreich und in der Schweiz hingegen hält Zuwanderung die Bevölkerung noch vergleichsweise jung, sodass eine große Zahl potenzieller Betreuender zur Verfügung steht.

Modelle für einen würdigen Umgang mit Demenz

Die Industrieländer, allen voran Deutschland, sind somit Vorreiter einer Entwicklung, die den ärmeren Ländern noch bevorsteht. Damit haben sie eine globale Verpflichtung. Ihre

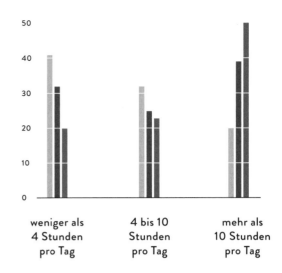

Anteil des Pflegeaufwandes nach Stunden in den verschiedenen Erkrankungsstadien (Datengrundlage: Alzheimer Europe)

Grad der Demenz-Erkrankungen
- leicht
- mittel
- schwer

Gesellschaften müssen Konzepte entwickeln und erproben, wie mit der Herausforderung Demenz auf menschenwürdige Weise umzugehen ist.

An erster Stelle steht dabei, die Demenzkranken selbst zu Wort kommen zu lassen. Wichtige Impulse dafür kommen aus Großbritannien. Seit 2002 setzt sich dort die Scottish Dementia Working Group (SDWG), der ausschließlich Menschen mit Demenz angehören, für eine bessere Versorgung und für die Verbreitung von Wissen über Demenz ein. Sie betreibt regelrechte Lobbyarbeit und hat erreicht, dass die schottische Regierung ihre Anliegen ernst nimmt. Unter anderem hat die Arbeitsgruppe Ärzten und Gesundheitsper-

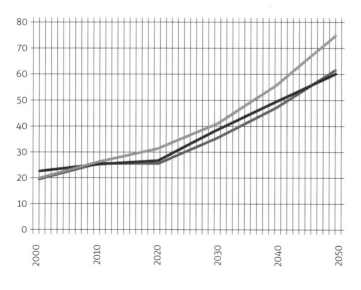

Anzahl der über 79-Jährigen je 100 Personen im Alter von 50 bis 64 von 2000 bis 2050 in Deutschland, Österreich und der Schweiz

- Deutschland
- Österreich
- Schweiz

(Datengrundlage: Statistisches Bundesamt Deutschland, 12. koordinierte Bevölkerungsvorausberechnung Variante 1-W2; Österreichische Raumordnungskonferenz: ÖROK Prognosen; Bundesamt für Statistik Schweiz; eigene Berechnungen)

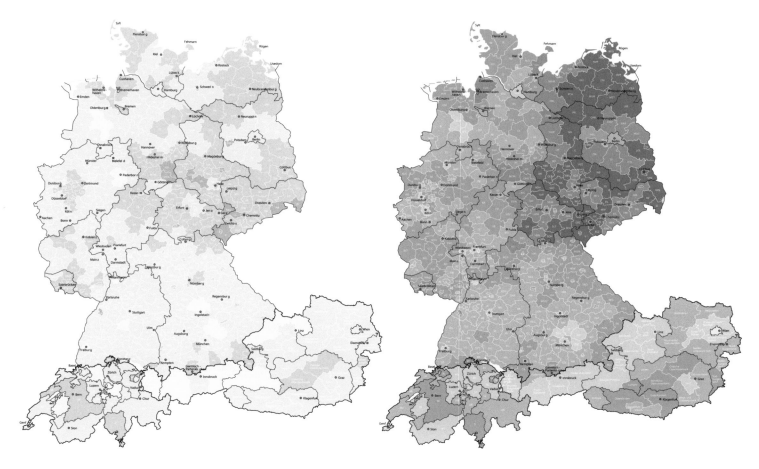

2008 2025

Landkarten der Anzahl Demenzkranker je 100.000 Einwohner nach Regionen für Deutschland, Österreich, Schweiz und Liechtenstein 2008 bzw. 2025 (Datengrundlage: Bundesamt für Bauwesen und Raumordnung Deutschland: Inkar 2009; Österreichische Raumordnungskonferenz: ÖROK Prognosen; Statistisches Bundesamt Deutschland; Statistik Schweiz; Statistik Austria; Amt für Statistik Fürstentum Liechtenstein; eigene Berechnungen). Die regionalen Daten zu den Karten sind im Internet unter www.berlin-institut.org abrufbar.

unter 1,300
1,300 bis unter 1,600
1,600 bis unter 1,900
1,900 bis unter 2,200
2,200 bis unter 2,500
2,500 bis unter 2,800
2,800 und mehr

sonal bewusst gemacht, dass eine möglichst frühe Diagnose demenzieller Erkrankungen entscheidend ist für die Lebensqualität der betroffenen Menschen und ihrer Angehörigen. Die SDWG-Aktivisten betreiben Öffentlichkeitsarbeit mit unkonventionellen Mitteln, mit Liedern, Comics und Theaterprojekten.

Wohl nicht zufällig gehört Großbritannien zu jenen Ländern, die sich in den letzten Jahren einen nationalen Demenzplan gegeben haben, neben Frankreich, den Niederlanden, Schweden, Norwegen und Australien. Die Regierungen dieser Länder haben die Bedürfnisse der Erkrankten und ihrer Angehörigen analysiert und auf dieser Grundlage eine Strategie für den Umgang mit Demenz entwickelt. Die konkreten Schritte umfassen etwa eine gründliche Information der Öffentlichkeit, mehr Teilhabe der Menschen mit Demenz, den Ausbau

der Unterstützung und die Verbesserung der Versorgung. Wichtig dabei ist, dass diese Ideen in den Regionen und Kommunen, in Städten wie auf dem platten Land an die lokalen Bedürfnisse angepasst und umgesetzt werden müssen.

Frankreich verfügt u. a. über ein beispielhaftes System einer integrierten Versorgung: Während sich Demenzkranke und ihre Angehörigen vielerorts Informationen und Hilfen mühselig bei vielen unterschiedlichen Stellen zusammensuchen müssen, häufig sogar bei untereinander konkurrierenden privatwirtschaftlich organisierten Pflegediensten und gemeinnützigen Verbänden, können sie sich in Frankreich an die lokalen Informations- und Koordinationszentren des Staates wenden, abgekürzt CLIC. Diese sind über sämtliche Regionen verteilt und dienen als Anlaufstellen für alle älteren Menschen und ihre Angehörigen. Die Mitarbeiter dort bieten

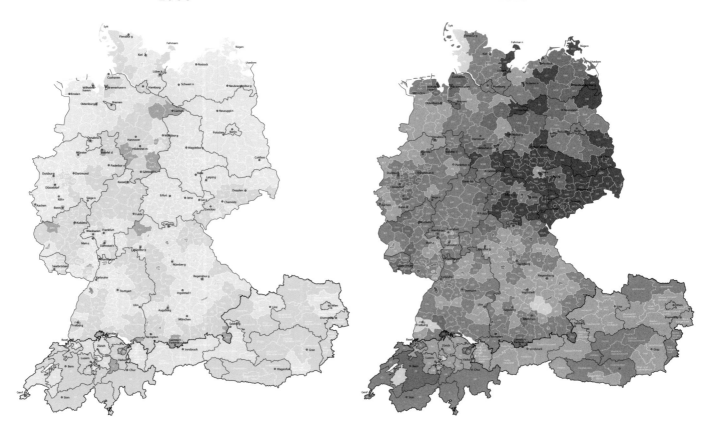

Betreuungslandkarten: Anzahl der über 79-Jährigen je 100 Personen im Alter von 50 bis 64 nach Regionen für Deutschland, Österreich, Schweiz und Liechtenstein 2000 bzw. 2025. (Datengrundlage: Statistisches Bundesamt Deutschland; Statistik Austria; Statistik Schweiz; Amt für Statistik Fürstentum Liechtenstein; Bundesamt für Bauwesen und Raumordnung Deutschland: Inkar 2009; Österreichische Raumordnungskonferenz: ÖROK Prognosen; eigene Berechnungen)

unter 20
21 bis unter 26
26 bis unter 31
31 bis unter 36
36 bis unter 40
41 und mehr

vom einfachen Vermitteln der richtigen Kontakte bis hin zum Hilfsplan gebündelte Expertise.

Es gibt aber auch eine Reihe von Modellprojekten, in denen die Zivilgesellschaft oder die Kommunen selbst die Initiative ergriffen haben, das Leben für Menschen mit Demenz besser zu gestalten. So unterstützt die englische Joseph-Rowntree-Stiftung (JRF) im Rahmen eines groß angelegten Projektes seit 2012 die Städte York und Bradford bei ihren Bemühungen um mehr Demenzfreundlichkeit. In Deutschland hat die Verwaltung der nordrhein-westfälischen Stadt Arnsberg ihre Bürger auf breiter Basis animiert, Ideen für ein demenzfreundliches Umfeld einzubringen. Die gesammelten Erfahrungen sind in ein Handbuch eingeflossen, das andere Kommunen zum Nachahmen einlädt.

1 Alzheimer's Disease International:
World Alzheimer Report, London 2009.
www.alz.co.uk/research/files/World
AlzheimerReport-pdf

2 Deutsche Stiftung Weltbevölkerung:
Datenreport, Hannover 2012.
www.slideshare.net/diedsw/
datenreport-2012

3 Nach U. Ziegler und G. Doblhammer:
„Prävalenz und Inzidenz von Demenz
in Deutschland. Eine Studie auf Basis
von Daten der gesetzlichen Kranken-
versicherungen von 2002". Rostocker
Zentrum, Diskussionspapier Nr. 24,
2009. www.rostockerzentrum.de

4 Erster Altenbericht der Bundesre-
gierung 1993, Bundestagsdrucksache
12/5897; U. Lindenberger et al.
(Hrsg.): *Die Berliner Altersstudie*,
Berlin 2010.

5 S. Menning und E. Hoffmann:
„Die Babyboomer – ein demografi-
sches Porträt", in: *GeroStat*
02/2009, Berlin.

6 Deutsches Institut für Wirtschaftsforschung: Pressemitteilung 17.03.2010:
Renten im Osten rutschen unter
die Grundsicherung. www.diw.de;
M. Richter und K. Hurrelmann:
Gesundheit und soziale Ungleichheit,
in: *Aus Politik und Zeitgeschichte*
42/2007.

7 Bundesministerium für Familie,
Senioren, Frauen und Jugend: „Altern
im Wandel. Zentrale Ergebnisse des
Deutschen Alterssurveys", 2010.
www.bmfsfj.de

8 F. Beske et al.: *Morbiditätsprognose
2050. Ausgewählte Krankheiten für
Deutschland, Brandenburg und
Schleswig-Holstein*, Fritz Beske Institut
für Gesundheits-System Forschung,
Kiel 2009.

auf dem weg zu einem demenzfreundlichen krankenhaus

Gesine Marquardt

„Na, haben Sie die Operation gut überstanden? Hier ist Ihr Frühstück!" Georg schreckt aus dem Schlaf auf. Wer war die rosa gekleidete Frau, und was hat sie gesagt? Aber, wo ist er hier eigentlich? Gelb gestrichene Wände ... ein Hotel? Er will aufstehen, doch ein Schlauch in seinem Arm hindert ihn daran. Ein kurzer Ruck, und der Schlauch ist ab. Irgendwoher ist jetzt lautes Piepen zu hören. Dann hört es auf. Plötzlich steht ein Mann im Zimmer, der einen Rollstuhl vor Georg hinschiebt. „Sie haben wohl keinen Hunger gehabt! Wir gehen jetzt zum Echo auf die Fünf rüber!" Georg fragt sich, ob er sich wirklich in den Stuhl setzen soll. Aber der Mann fasst ihn schon am Arm, hilft ihm hinein und los geht's. Sie fahren Gänge entlang, biegen immer wieder ab. Was soll nur mit ihm passieren? Plötzlich bleibt der Rollstuhl stehen. Der Mann hinter ihm ist weg. Vielleicht hat er etwas gesagt? Georg weiß nicht, was er jetzt tun soll. Er steht auf und sieht sich um. Niemand zu sehen. Er läuft ein paar Schritte. Plötzlich springt eine Tür vor ihm automatisch auf. Er sieht einen Garten mit Bäumen und läuft hinaus.

Menschen mit Demenz sind in der auf Effizienz gerichteten, in sich geschlossenen Welt eines Krankenhauses oftmals derart überfordert, dass medizinisch notwendige Therapien nicht die gewünschte Wirkung zeigen und sich die Symptomatik der Demenz noch verstärkt. Unabhängig von der jeweiligen Fachdisziplin sind Krankenhäuser weder baulich noch personell auf

die Anforderungen und Bedürfnisse im Hinblick auf Demenz eingestellt. Eine demenzsensible Pflege und Gestaltung der Umgebung wäre jedoch dringend erforderlich, da der Anteil der über 65-Jährigen inzwischen 43 % der jährlichen Krankenhausfälle in Deutschland ausmacht und damit auch die Zahl der Patienten zunimmt, deren Behandlung mit einer Demenz verbunden ist.

Dass Architektur den Genesungsprozess fördern und auch das Verhalten und Wohlbefinden von Menschen mit Demenz maßgeblich beeinflussen kann, belegen zahlreiche wissenschaftliche Studien. Doch während diese Erkenntnis international bereits bei Neubauten und Umgestaltungen von Altenpflegeeinrichtungen umgesetzt wird, stehen die Krankenhäuser ganz am Anfang einer entsprechenden Entwicklung. Auf der Suche nach geeigneten Konzepten wurden bislang überwiegend spezielle Abteilungen für Menschen mit Demenz nach dem Vorbild der stationären Altenpflege eingerichtet.

Modellcharakter könnten die Acute Care for the Elderly (ACE)-Units in den USA haben. Deren Ziel ist es, die Selbstständigkeit der Patienten während ihres Krankenhausaufenthaltes aufrechtzuerhalten. Dabei wirkte sich die Kombination aus Pflege durch ein multiprofessionelles Team und eine entsprechende Umweltgestaltung positiv auf die Patienten

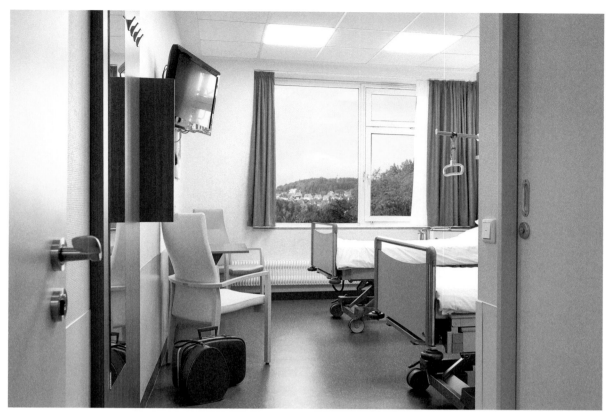

Design-Konzept für die 2013 eröffnete Geriatrie-Station im Städtischen Krankenhaus Maria-Hilf, Brilon (Deutschland).
Entwurf von 100% interior, Sylvia Leydecker

aus. Vergleiche mit dem Aufenthalt auf einer Normalstation zeigten, dass in einer ACE-Unit behandelte Patienten seltener im Anschluss an den Krankenhausaufenthalt in eine Altenpflegeeinrichtung eingewiesen werden mussten. Festgestellt wurden zudem weniger Fixierungen und Medikationen sowie eine geringere Mortalität in den ersten zwölf Monaten nach der Entlassung aus dem Krankenhaus. Ein wesentlicher Faktor ist darüber hinaus, dass Patienten wie auch Krankenhausträger hohe Zufriedenheit mit den ACE-Units äußerten. Spezialisierte Pflegebereiche für Menschen mit Demenz sind jedoch nicht für alle Patienten und bei allen Krankheitsbildern geeignet, sodass die Architektur im gesamten Krankenhaus der wachsenden Zahl an Patienten eines höheren Lebensalters entgegenkommen sollte. Wesentlich sind dabei folgende Aspekte:

Orientierung geben und Mobilität fördern

Ein im Stationsgrundriss gelegener räumlicher zentraler Anlaufpunkt, beispielsweise der Gemeinschaftsraum, unterstützt die Orientierung der Patienten und regt sie zur selbstständigen Mobilität an. Auch das Angebot einer Patientenküche, in der einfache Mahlzeiten oder Snacks zubereitet werden können, trägt zum Erhalt der Alltagskompetenz der Patienten bei. Weiterhin kann ihre Orientierung durch den gezielten Einsatz von Licht, Farbe und Materialien unterstützt werden. So kann auf patientenrelevante Orte durch eine kontrastreiche Gestaltung

hingewiesen werden, während Funktionsbereiche durch eine monotonere Farbgebung ihrer Aufmerksamkeit entzogen werden. Eine besondere Bedeutung kommt dem Licht im Patientenzimmer zu. Forschungsarbeiten aus dem Kontext der häuslichen Pflege zeigen, dass sich Stürze vorwiegend im Schlafzimmer ereignen, der Weg zum Badezimmer somit einen unfallträchtigen Ort darstellt, der daher auch bei Nacht gut ausgeleuchtet werden sollte. Handläufe auf dem Weg zum Bad stabilisieren die Patienten zusätzlich.

Sicherheit gewährleisten

Die ständige Präsenz von Personal an einem zentralen Anlaufpunkt vermittelt den Patienten Sicherheit und vermindert bei an Demenz erkrankten Menschen auch bestehende Weglauftendenzen. Architektonische Mittel, wie die aus der stationären Altenpflege bekannte Gestaltung der Ausgangstür in Farbe der umliegenden Wände, sind in den vernetzten Strukturen des Krankenhauses kaum realisierbar. Allerdings lässt sich die Mobilität der Patienten gezielt lenken durch die Integration von interessanten Zielpunkten in der Grundrissgestaltung einer Station, wie z. B. Aquarien oder Sitznischen an belebten Orten. Auch das Einrichten von Untereinheiten aus einigen Patientenzimmern innerhalb einer Station, in denen eine Bezugspflegekraft ihren Arbeitsplatz hat, trägt zu einer überschaubaren und sicheren Umgebung für Patienten mit

Hospiz, Stiftung Marienhospital, Euskirchen (Deutschland). Design-Konzept von 100% interior, Sylvia Leydecker, 2011

Demenz bei. Ebenso sollten an einem zentralen Ort für ängstliche oder besonders unruhige und überwachungsbedürftige Patienten halböffentliche Zonen mit Sesseln bzw. Geriatrieliegen vorgesehen werden. Die erlebte Nähe zu den Pflegekräften trägt wesentlich zur Vermeidung von Ängsten und damit zur Beruhigung der Patienten bei.

Informationen vermitteln

In ihrem Zimmer verbringen die Patienten viel Zeit mit sich allein. Dort müssen sie Informationen zu ihrem Aufenthaltsort und der Tageszeit, eventuell auch zu ihrem Tagesablauf erhalten können. Dies kann durch an den Bettplätzen angebrachte, abwischbare Tafeln bzw. Pinnwände geschehen, die Informationen wie den Namen und Ort des Krankenhauses, den Namen der Bezugspflegekraft sowie zeitliche Angaben enthalten. Informationen zur eigenen Person werden durch persönliche Gegenstände am Bettplatz vermittelt, was angesichts der oftmals nur kurzen Aufenthaltsdauer von den Angehörigen nicht immer geleistet werden kann. Sinnvoll ist es dennoch, die Bettplätze durch Farbigkeit, Licht, Symbole oder Zahlen individuell zu gestalten, um deren Wiedererkennbarkeit zu erhöhen. Ebenso benötigen die Pflegekräfte direkt am Bett

angebrachte, schnell erfassbare Informationen (z. B. in Form von auswechselbaren Piktogrammen) zu den Patienten und zu notwendigen Hilfsmitteln wie Brillen oder Hörgeräten.

Nicht nur Menschen mit Demenz, sondern alle Patienten, die sich in der Ausnahmesituation eines Krankenhausaufenthaltes befinden, profitieren von einer architektonisch ablesbaren, Informationen vermittelnden Umgebung, die ihnen das richtige Einordnen der eigenen Person in die zeitlichen und örtlichen Gegebenheiten erleichtert. Es würde somit nicht nur eine bestimmte, wenngleich beständig wachsende Patientengruppe optimal versorgt, sondern das gesamte Krankenhaus würde in seiner Architektur patientenfreundlicher werden. Daraus wiederum lassen sich neue Marketingstrategien ableiten. In vielen Industrieländern mit ihren alternden Bevölkerungen geben sich Krankenhäuser bereits den Titel „demenzfreundliches Krankenhaus". Doch nicht nur der Wettbewerb, auch der wirtschaftliche Druck erfordern Pflegekonzepte und eine Architektur, die den Genesungsprozess und die Selbstständigkeit der Patienten unterstützen. Angesichts immer kürzerer Aufenthaltsdauern, wie sie beispielsweise in Deutschland durch die Abrechnung nach Fallgruppen

(Diagnosis Related Groups – DRG) oder im Medicare System der USA durch die Obergrenze an Behandlungstagen festgelegt werden, erfordern insbesondere die Auseinandersetzung mit den Bedürfnissen von Menschen mit Demenz. So gilt es, die akute Verwirrung in der Notsituation der Krankenhauseinweisung zu reduzieren.

Darüber hinaus ist eine stärkere Vernetzung des Krankenhauses mit seiner stadträumlichen und sozialen Umwelt notwendig. Um die „Drehtüreffekte" immer wiederkehrender Krankenhausaufenthalte zu vermeiden, bedarf es ambulanter Strukturen der Vor- und Nachsorge. Dies sind beispielsweise aufsuchende medizinische Leistungserbringer, die Behandlungsbedarfe frühzeitig erkennen und schon zahlreiche ambulante Leistungen abdecken. Ebenso werden zukünftig telemedizinische Lösungen verstärkt Anwendung finden und zu einer Reduktion der Krankenhauseinweisungen führen. Weiterhin können Betreuungsformen wie Tagespflegen und niederschwellige Dienste wie Alltagsbegleiter, die sowohl im stadträumlichen Gefüge als auch innerhalb der Versorgungskette Schnittstellen zwischen der Institution des Krankenhauses und dem Wohnen zu Hause schaffen, zu einer Lösung beitragen.

Markante Einbauten erleichtern die Orientierung in langen Fluren. Umbau Seniorenpflegeheim Stavangerstraße 26, Berlin (Deutschland). Feddersen Architekten, 2004

Großzügig belichteter Flur. Hospiz Elias am St. Marienkrankenhaus in Ludwigshafen (Deutschland). sander.hofrichter architekten, 2005

Herumschlendern und Schauen bei klarer Orientierung. Zentrum für seelische Gesundheit in Neuss (Deutschland). sander.hofrichter architekten, 2012

Verbindung zwischen Alt und Neu. Lichte Eingangshalle des Zentrums für seelische Gesundheit in Neuss (Deutschland). sander.hofrichter architekten, 2012

heimat
hauptbahnhof

Uwe Rada

1

Wo sind sie bloß? Das letzte Mal waren sie noch da. Ditsch? Wiener Feinbäckerei oder Le Crobag? Irgendeine dieser Ketten hatte neulich Butterbrezeln im Angebot. Ich liebe Butterbrezeln. Ich bin in Süddeutschland geboren, im Butterbrezelland. Butterbrezeln sind ein Stück Heimat. Heimat ist da, wo ich mich auskenne. Ich suche am Hauptbahnhof ein Stück Heimat und finde es nicht.

2

Meine erste Begegnung mit dem Hauptbahnhof erinnere ich genau. Es war ein oder zwei Tage nach der Eröffnung. Berlin feierte mal wieder einen Architekturevent, für mich stand aber das Praktische im Vordergrund. Würde der neue Hauptbahnhof meine Fahrtzeiten verkürzen?

Also bin ich mit der Vogelperspektive im Kopf gekommen. Vorher hatte Berlin seinen Bahnhof Zoo und den Ostbahnhof, der auch mal Hauptbahnhof hieß, da gab es noch die DDR. Noch früher, in der Kaiserzeit und der Weimarer Republik, schmückte sich Berlin mit Kopfbahnhöfen. Was für ein Wort. Der Bahnhof im Kopf. Es gab nur eine Richtung: raus aus dem Kopf. Praktischer ging es nicht.
Nun also der Sprung ins 21. Jahrhundert – mit einem ICE-Kreuzungsbahnhof. Keine schlechte Idee, fand ich, so

von oben herabschauend. Nur eines habe ich nicht verstanden, damals bei dieser ersten Begegnung. Warum fuhren die ICE alle nur in Richtung Süden und Westen ab, nach Leipzig und München oder nach Hamburg und Hannover? Warum nicht auch nach Stralsund, Stettin oder Warschau?

3

Das mit dem Kreuzungsbahnhof war eher Behauptung statt Realität. Mit der Vogelschau kam ich am Hauptbahnhof nicht weiter. Ich musste mich auf die Froschperspektive einlassen. Kein Kreuzungsbahnhof ist der Hauptbahnhof dann mehr, sondern ein Labyrinth aus verschiedenen Ebenen, Rolltreppenreihen, gläsernen Fahrstühlen. Ein wenig kam ich mir vor wie in einer dieser illusionistischen Zeichnungen von M.C. Escher. Ich musste mich also langsam herantasten. Eingeprägt habe ich mir zunächst nur, dass mein Zug nach Stuttgart am Hauptbahnhof (hoch) abfährt und der nach Leipzig oder Hamburg am Hauptbahnhof (tief).

4

Immer komme ich mit der S-Bahn. Immer steige ich Friedrichstraße um und steige an der Spitze der S-Bahn ein. Immer besteige ich im Hauptbahnhof, Gleis 16, die Rolltreppe, auf der mich die Werbung für das AO-Hostel am Zoo begrüßt, mit ihrem Blau und Weiß erinnert sie von weitem ein wenig an

Die Bruttogeschossfläche von 175.000 Quadratmetern verteilt sich auf fünf Ebenen.

Unzählige visuelle Reize erschweren die Orientierung und lassen klare, an der Architektur ablesbare Bezugspunkte vermissen.

Ein hohes Maß an Tageslicht schafft eine angenehme Atmosphäre und begleitet die Reisenden bis hinein in die tiefer gelegenen Ebenen des Bauwerkes.

Zahlreich vorhandene Fahrtreppen und Aufzüge ermöglichen direkte und barrierefreie Wechsel zwischen den Bahnsteigen.

den Fußballverein Hertha BSC. Gegenüber, auf der anderen Seite der Ebene, sind Ditsch, die Wiener Feinbäckerei und Le Crobag. Oder ist es doch eine Ebene tiefer? Mit den Bahnhöfen, zumal den großen, ist es wie mit dem Leben. Wer die bewährten Pfade verlässt, geht ins Risiko.

5

Folgt man den Plänen der Architekten, gibt es kein Risiko, sondern bloß Zahlen und Gewissheiten. Der Berliner Hauptbahnhof, gebaut zwischen 1996 und 2006, umfasst eine Bruttogeschossfläche von 175.000 Quadratmetern und erstreckt sich auf fünf Ebenen. So formuliert es das Büro von Gerkan, Marg und Partner auf seiner Internetseite. Die Seite ist mir sympathisch, weil auch sie die Vogelperspektive erwähnt: „Hier kreuzen sich die neue unterirdische Nord-Süd-ICE-Fernbahnverbindung und die bogenförmig geführte Trasse der von Westen nach Osten führenden Bahnlinie. Hinzu kommen in beiden Richtungen S-Bahn-Trassen sowie eine nord-südverbindende U-Bahn-linie. Die Nord-Süd-Trasse verläuft 15 Meter unter der Erde in einem Tunnel, der auch die Spree und den Tiergarten unterquert. Hier entstand unterirdisch ein Fernbahnhof mit acht Fernbahngleisen, vier Bahnsteigen für den Fern- und Regionalverkehr."

Bin ich nun schlauer? Kann mir auf Gleis 16 jemand sagen, wo Norden ist, wo Osten, Süden oder Westen? Wie soll man sich orientieren, wenn drum herum nur städtebauliche Wüste ist?

6

Vom Europaplatz und dem Washingtonplatz ist auf der Website der Architekten keine Rede. Bis heute vergesse ich immer wieder, auf welcher Seite ich zum Washingtonplatz komme und auf welcher zum Europaplatz. Das ist eigentlich nicht unwichtig. Berlin gehört zu Europa. Am Europaplatz sollte der Hauptbahnhof zu Hause sein. Warum merke ich mir das nicht? Ich weiß nur, dass einer der beiden Plätze zur Spree hin gelegen ist und der andere im Landesinneren. Bald wird die Spree nicht mehr zu sehen sein, weil dann Büroblocks und Hotels stehen zwischen Bahnhof und Spree. Vielleicht werde ich in einem dieser Blocks einen Kaffee trinken. Vielleicht merke ich mir dann, auf welchem Platz ich stehe. Washingtonplatz oder Europaplatz? Ich verwechsle das wohl auch deshalb, weil ich den Hauptbahnhof so selten zu Fuß verlasse. Ich komme mit der Schiene und entschwinde auf ihr.

7

Einmal kam ich nicht als Reisender in den Hauptbahnhof, sondern mit dem Auto. Besuch abholen. Der Besuch verlangte das, sagte, er würde sich sonst nicht zurechtfinden an so einem großen Bahnhof. Ich kam also als Zurechtfindehelfer. Und ich kam mit dem Auto, weil der Besuch großes Gepäck hatte. Als ich dann von der Parkebene in den Fahrstuhl stieg und „Hauptbahnhof (tief)" drückte, dachte ich, ich hätte meine Orientierung verloren. Der Fahrstuhl fuhr abwärts. Mein Auto stand nicht unter dem Bahnhof, sondern über mir. Im Bauch des Hauptbahnhofes funktionierte also weder die Vogelschau noch die Froschperspektive. Der Hauptbahnhof entwickelte ein räumliches Eigenleben. So wie die Pariser Oper im berühmten Phantomroman.

Der Zug mit dem Besuch hat Verspätung. Kalt ist es hier unten auf Gleis 1. Zugig. Und still. So wie zu Hause, wenn ich in den Keller gehe. Ins Dunkelland unseres Mietshauses. Schnell wieder hoch, rede ich mir dann zu. Auf Gleis 1 muss ich warten. Fast lautlos schnurrt die Rolltreppe. Keiner auf ihr, der mir Gesellschaft leisten würde. Wie schön, wenn ich jetzt eine Butterbrezel hätte.

Ich gerate etwas in Panik. Würde ich, wenn ich den Besuch aufgelesen und im Auto verstaut hatte, aus dem Bauch des Hauptbahnhofes wieder herausfinden? Würde ich endlich wieder zurückkehren nach Berlin mit all seinen Straßen, auf denen es zwar Stau gibt, aber kein räumliches Eigenleben? Am liebsten würde ich, wenn ich wieder oben bin, die Freitreppe nehmen, die hinabführt zum Humboldthafen. Dort ist Endstation. Es sei denn, irgendwann legte am Humboldthafen ein Vaporetto ab.

8

Flughäfen und Bahnhöfe, hat einmal Paul Virilio, dieser Theoretiker des Flüchtigen, geschrieben, seien die Städte der Zukunft. Ich kann ihm nicht glauben. In der Stadt, in der ich lebe, weiß ich, wo es Butterbrezeln gibt. Es gibt sie dort immer. Deshalb bin ich in dieser Stadt zu Hause. Am Hauptbahnhof bin ich nicht zu Hause. Obwohl sich das Rätsel mit den Butterbrezeln bald gelöst hat. Ein paar Tage später waren sie wieder da. In der Wiener Feinbäckerei. „Und neulich?", wollte ich vom Verkäufer wissen. „Was war da los?" Seine Antwort war erleichternd für mich. Ich war also doch nicht verwirrt. „Die Butterbrezeln", sagte er, „waren ausverkauft."

Anmerkung: Die Fotografin Margherita Lazzati kreiert in ihren Arbeiten komplexe Erzählstrecken. Die Fotoserie zum Hauptbahnhof Berlin entstand 2013. Die Fotografin lebt und arbeitet in Mailand (Italien). Ihre Fotos wurden in zahlreichen Ausstellungen in und außerhalb Italiens gezeigt.

zollstation agartala

Agartala, Indien

Architektur
Anagram Architects

Bauherr
The State Government of Tripura, Indien

Fertigstellung
im Bau

Bruttogeschoss-fläche
9.452 km²

Die Land Custom Station (LCS)-Zollstation in Agartala, im Nordosten Indiens an der Grenze zu Bangladesch, ist eine große Anlage, in der Transitverkehr, Zollabfertigung, Einreise und Warenumschlag im grenzüberschreitenden Güter- und Personenverkehr abgewickelt werden. Das zentrale architektonische Konzept der LCS basiert auf der Idee eines „Portals", eines Tors nach Indien. Die LCS fungiert aber auch als Brücke zwischen zwei Nachbarstaaten. Kennzeichnend für die Architektur der LCS ist daher das Herausstellen verbindender Elemente. So bezieht sich die Gestaltung z. B. stark auf die lokale handwerkliche Tradition mit Bambus, wie sie sich etwa in den aufwendig gestalteten Eingangstoren in den Zäunen Agartalas manifestiert.

Bambus in seiner ganzen Vielseitigkeit ist ein essenzielles kulturelles Wesensmerkmal für die Menschen beiderseits der Grenze. Die Eingangstore und Zäune, die man überall in der Region sehen kann, dienten als Inspiration für den Entwurf, der die traditionelle Handwerkskunst in eine modulare Stahl-Bambus-Konstruktion übersetzt.

Die Architekten waren überzeugt, dass sich die Nützlichkeit von Bambus für zeitgemäßes Bauen noch besser demonstrieren lasse, wenn man ihn in einer gelungenen Verbindung mit Bestandsbauten einsetzt. Deshalb sollten die Bestandsgebäude erhalten und weiterverwendet werden. Grundlage des Entwurfes sind modulare Stahl-Bambus-Konstruktionen, bei denen die Bambuselemente ersetzt werden können, ohne die Funktionsfähigkeit zu beeinträchtigen. Die Stahlelemente fungieren als Klammern und starre Elemente, während sich der Bambus mit seinen Zugfestigkeitseigenschaften besonders zum Überbrücken größerer Abstände eignet. Er wird daher für Zaunanlagen und Dächer eingesetzt.

Die Dachstruktur des Aufenthaltsbereiches für Reisende greift die Form des traditionellen Tripuri-Giebeldaches mit Oberlichtern auf. Die mit zeitgemäßen und haltbaren Materialien konstruierten Dächer sind dank der durchdachten Befestigung und Montage ausgesprochen witterungsbeständig.

Die besonders geschützten Sockel aller Neubauten wurden um einen Meter angehoben. Große Fensterflächen und tiefe Veranden lösen die Gebäudevolumina auf. Diese Elemente sorgen für mehr Licht und steigern die minimalistische Wirkung der Gebäude.

Grenzschutz-Außenposten mit traditionellen Tripuri-Giebeldächern

Perspektive Grenzschutz-Außenposten und acht Meter hohe Bambus-Einzäunung im Hintergrund

Perspektive Abfertigungsgebäude für grenzüberschreitenden Handel- und Personenverkehr. Den umgebenden Außenraum überspannt eine Dachkonstruktion aus Stahl und Bambus.

lingang new city

Lingang, China

Wettbewerb
2002/2003
1. Preis

Entwurf
gmp Architekten
von Gerkan, Marg
und Partner

Bauherr
Shanghai Harbour
City Development
(Group) Co., Ltd.

Partner
Nikolaus Goetze

Hafenplanung
HPC Hamburg Port
Consulting

**Landschaftsarchi-
tektur** Breimann &
Bruun

Lichtplanung
Schlotfeldt Licht

Einwohner
800.000

Bauzeit
2003–2020

Fläche
74.000 m²

Lingang New City – die Neugründung einer Stadt für 800.000 Einwohner, die bis 2020 fertiggestellt sein soll – befindet sich rund 70 Kilometer südöstlich von Shanghai, zwischen den Flussmündungen des Jangtse und des Quiantang. Die als unabhängige Hafenstadt konzipierte und seit 2003 nach Plänen des Hamburger Büros gmp Architekten von Gerkan, Marg und Partner in Bau befindliche chinesische Planstadt unterscheidet sich nicht nur grundlegend von anderen Neuplanungen der jüngeren Geschichte wie Brasilia, Canberra oder Chandigarh, sondern auch vom Ideal der gewachsenen, europäischen Stadt des 19. Jahrhunderts. Denn das Zentrum der Stadt ist ein künstlich angelegter, kreisrunder See von 2,5 Kilometern Durchmesser. Dem Masterplan liegt die Metapher eines Tropfens, der ins Wasser fällt und konzentrische Ringe bildet, zugrunde: mit dem See in der Mitte, umgeben von einer acht Kilometer langen Promenade und einem Badestrand à la Copacabana. Daran schließt sich ein autofreies Geschäftsviertel mit Büros, Handel und einer verdichteten Wohnbebauung an. Es folgt ein Stadtpark mit solitär angeordneten öffentlichen Bauten, und im äußeren Ring entstehen Wohnquartiere für jeweils 13.000 Menschen.

Eine intensive Begrünung – mehr als zwei Millionen Bäume wachsen bereits in Lingang – sorgt für ein gutes Klima und eine verbesserte Lebensqualität. Wasserläufe und kleine Seen machen das „Wohnen am Wasser" überall spürbar. Doch das Highlight der Stadt ist zweifellos der See Dishui, in der Mitte der Kreisstruktur gelegen, der zu verschiedenen Freizeitaktivitäten einlädt. Er soll im Gegensatz zu den wie so häufig vom Autoverkehr verstopften und versmogten Innenstädten – gerade in China – hier als ruhender „Kern" Lebensqualität erzeugen, die allen Bewohnern zugute kommt. Ein Wermutstropfen für die Planer um den Architekten Meinhard von Gerkan ist und bleibt jedoch das strenge Reglement des Feng-Shui, das die Anordnung von bürgerliches Miteinander fördernden Karrees und Innenhöfen nahezu unmöglich macht, da alle Wohnblöcke in Ost-West-Achsen ausgerichtet sein müssen.

Der neue See samt Strand und Promenade sowie der hohe Anteil unverbauter, öffentlicher Flächen locken inzwischen viele Tagestouristen an und lassen Lingang zu einem der größten und beliebtesten Naherholungsgebiete Chinas werden. Bei aller Attraktivität und optimaler Vermarktung unter dem Slogan „Better City, Better Life" achtet das dortige Stadtplanungsamt jedoch darauf, dass auch ausreichend bezahlbare Wohnungen gebaut werden, um eine soziale Mischung zu gewährleisten.

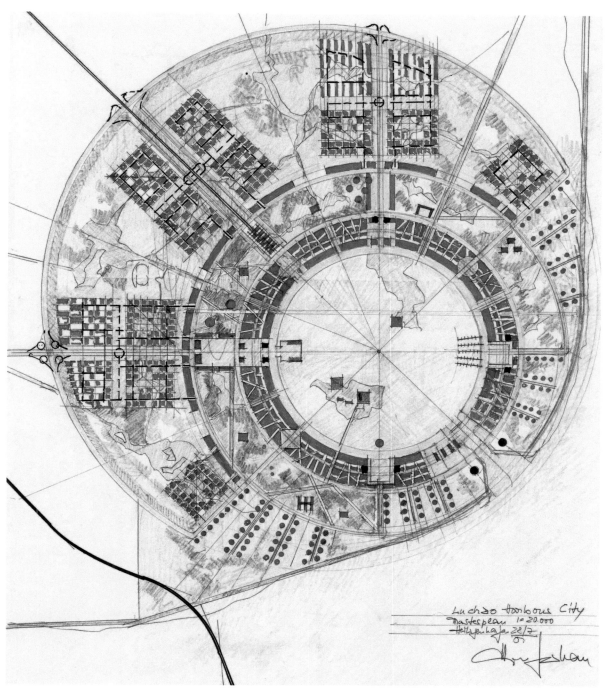

Entwurfsskizze Luchao Harbour City, 2001, später Lingang New City (China)

Modellfoto der sich in radialen Ringen gliedernden Nutzungsstruktur

Stadtpark mit solitär angeordneten Bauten

Landmarken wie das Schifffahrtsmuseum mit seiner expressiven Dachform geben Identität und Orientierung.

cittaslow –
haltepunkte in einer
beschleunigten welt

Als „langsame Stadt" oder auch als „Stadt des guten Lebens und glückli-
chen Alterns" charakterisiert, bezeichnet Cittaslow eine Bewegung, die
1999 mit vier Kleinstädten in Italien begann und rasch internationales
Interesse und Verbreitung fand. Inzwischen sind es weit mehr als 100 Kommunen, die sich darauf verständigt haben, den vielfältigen Verlusten einer
zunehmend gleichförmigen Welt mit Werten wie Herkunft, Tradition,
Umwelt und Nachhaltigkeit entgegenzuwirken. Für ein Mehr an Lebensqualität sorgen gesunde Nahrungsmittel aus der Region ebenso wie die
Sicherung lokaler Arbeitsplätze und ein gestärktes Geschichtsbewusst-
sein. Ob und in welchem Maße ein solches Konzept auch dazu angetan ist,
die gesellschaftliche Teilhabe von Menschen mit Demenz zu fördern,
sollte näher untersucht werden.

Ein ähnliches Motiv verfolgt die Initiative der Kunst- und Kulturstif-
tung Opelvillen Rüsselsheim (Fotos rechts): An Tagen ohne Publikums-
verkehr öffnet das Ausstellungshaus und es entsteht ein geschützter
Raum für begleitete Museumsbesuche für Menschen mit Demenz. Ihre
Auseinandersetzung mit Kunst verspricht neben dem sinnlichen Genuss
ein Angebot für Anregung und Austausch.

demenz, kommune und öffentlicher raum

Erkenntnisse und Perspektiven

Peter Wißmann

Im Jahr 2007 trat die „Aktion Demenz" ein zivilgesellschaftlicher, auf Bundesebene wirkender Zusammenschluss, mit der Forderung nach „demenzfreundlichen Kommunen" an die Öffentlichkeit. Begründet wurde die Initiative damit, dass Leben mit Demenz nicht auf Konferenzen, sondern in konkreten Sozialräumen „vor Ort" stattfände. Ohne die Bedeutung der Metaebene (übergeordnete Gesetzgebung, Versorgungsstrukturen usw.) negieren zu wollen, käme der Mikroebene für das Erleben von Alltag und Lebensqualität sowie bei der Realisierung gesellschaftlicher Teilhabe eine entscheidende Rolle zu. Folglich müsste die Kommune auch als Ansatzpunkt für ein auf Veränderung orientiertes Handeln neu entdeckt werden. Mit dem Begriff der „demenzfreundlichen Kommune" sollte weder einem klar definierten Konzept noch einem bloßen Etikett das Wort geredet werden. Gemeint war vielmehr eine handlungsleitende Vision, die auf mehreren Grundüberlegungen und Essentials basiert,[1] so vor allem darauf, Demenz als soziale und zivilgesellschaftliche Frage zu thematisieren sowie Teilhabe, Begegnung und Präsenz von Menschen mit und ohne Demenz im öffentlichen Raum zu ermöglichen.

Erscheinungsraum des Einzelnen
Hannah Arendt hat in ihrem Werk dem öffentlichen Raum eine zentrale Bedeutung als dem Ort zugeschrieben, an dem sich die menschlichen Angelegenheiten und die Regelungen des Zusammenlebens abspielen. Er ist der Erscheinungsraum des Einzelnen, und in ihm offenbart sich die Freiheit des

Menschen, sein Leben zu transzendieren und in die allen gemeinsame Welt einzutreten.[2] Hier können sich die Menschen handelnd begegnen und als Mitglieder der Gesellschaft erfahren. Der Zugang zum öffentlichen Raum muss daher für alle möglich sein. Auf das Konzept bzw. die Vision der demenzfreundlichen Kommune angewandt bedeutet das: Heute noch vorherrschende separierende Versorgungsformen und Parallelwelten (z. B. Heime und sogenannte Demenzquartiere) müssen überwunden werden. Ein demenzfreundliches Gemeinwesen benötigt stattdessen inklusive, sozialraumorientierte Wohn-, Betreuungs- und Handlungskonzepte. Inklusiv bedeutet in diesem Zusammenhang, dass im öffentlichen Raum Begegnungen und gemeinsames Tun von Menschen mit und ohne demenzielle Veränderungen möglich sind und Demenzkranke sich in eigener Sache artikulieren und am gesellschaftlichen Leben teilhaben können. Ob diese laut UN-Behindertenkonvention zwingende Grundvoraussetzung in Gemeinden, die sich dem Ziel der demenzfreundlichen Kommune verschrieben haben, tatsächlich als realisiert betrachtet werden kann, darf mit Recht bezweifelt werden.

Der öffentliche Raum des „Draußen"
Auch aus städtebaulich-soziologischer Sicht zeichnet sich der öffentliche Raum, hier verstanden als besonderer Ort mit hoher Nutzungsdichte und einer Vielzahl sozialer Aktivitäten, durch das Merkmal der jederzeitigen und uneingeschränk-

Teilhabe und gemeinsames Tun im öffentlichen Raum sind unverzichtbar für die Lebensqualität.

ten Zugänglichkeit für alle Bewohner beispielsweise einer Stadt aus.[3] Auch hier bleibt zu fragen, inwieweit Menschen mit kognitiven Veränderungen sich in diesem öffentlichen Raum bewegen können oder an dessen Nutzung gehindert werden. Die Kultur- und Medienwissenschaftlerin Gabriele Kreutzner hat auf die Bedeutung der äußeren Umgebung und ihrer Nutzung für die Lebensqualität und die Teilhabechancen von Menschen mit Demenz hingewiesen.[4] Sie zitiert Erkenntnisse, wonach die moderne Stadt aufgrund ihrer historischen und spezifischen Gestaltung bestimmte soziale Gruppen (darunter Menschen mit einer Behinderung) aus dem gesellschaftlichen Geschehen ausschließt, und stellt Ergebnisse von Studien vor, die sich der Frage der Barrierefreiheit von Umwelt unter dem Aspekt kognitiver Beeinträchtigungen widmen. Diese bieten Hinweise darauf, dass das Sich-Orientieren und Zurechtfinden von Menschen mit Demenz durch die Gestaltung der äußeren Umgebung gezielt unterstützt werden können. Allerdings haben solche Erkenntnisse bisher kaum ihren Weg in die Praxis gefunden.

Als beispielhaft für eine lokale Initiative „demenzfreundliche Kommune" kann die kleine Stadt Ostfildern bei Stuttgart gelten. In den Jahren 2007 und 2008 wurde hier die auf einen Zeitraum von neun Monaten angelegte Demenzkampagne „Wir sind Nachbarn" durchgeführt, die als Vorlage für zahlreiche Initiativen an anderen Orten in Deutschland diente. Im Mittelpunkt standen sogenannte „Awareness-

Veranstaltungen" (Information, Kultur), eine intensive und kontinuierliche Presseberichterstattung sowie Sensibilisierungsmaßnahmen für Mitarbeiter der Polizei, des örtlichen Gewerbes und für Mitglieder von Vereinen. Die Kampagne in Ostfildern war eingebettet in eine auf Nachhaltigkeit angelegte Strategie zur Entwicklung „demenzfreundlicher" Strukturen. So sind beispielsweise infolge der „Awareness-Kampagne" Angebote entstanden, bei denen Begegnungen von Bürgerinnen und Bürgern mit und ohne Demenz im Mittelpunkt stehen (Wunschkonzerte, Gottesdienste). Weiterhin entstand statt eines klassischen Pflegeheimes ein Nachbarschaftshaus, das neben sozialen und kulturellen Angeboten (Bürgertreff, offenes Kunstatelier) verschiedene Wohn- und Betreuungsangebote unter seinem Dach vereint: für Menschen mit Demenz ambulante Wohngemeinschaften, stationäre Hausgemeinschaften und Tagespflege sowie Wohnungen für Behinderte. Wesentliche Ziele sind die Vernetzung mit dem Gemeinwesen, die Begegnung von Menschen mit und ohne Demenz – die Inklusion und Teilhabe. Dem dienen insbesondere Aktivitäten im offenen Atelier und im Bürgertreff. Alle Initiativen in Ostfildern können sich auf ein gut entwickeltes und kontinuierlich gepflegtes Engagement von Bürgerinnen und Bürgern sowie auf die Unterstützung durch die Politik verlassen. Die Demenzkampagne ist dokumentiert unter www.demenz-ostfildern.de. Auch aktuelle Aktivitäten in Ostfildern sind hier nachzulesen.

Ein Beispiel für eine Stadt bzw. Kommune, die sich den Herausforderungen des demografischen Wandels aktiv stellt, ist Arnsberg in Deutschland. Schon sehr früh hatte sich dort die Politik der Aufgabe gewidmet, gemeinsam mit älteren Bürgerinnen und Bürgern darüber nachzudenken, wie die Stadt altersgerecht und dennoch aktiv, lebendig und weltoffen gestaltet werden könnte. Dieses Engagement wurde später um den Aspekt der demenzfreundlichen Gestaltung des Gemeinwesens erweitert. Mit Förderung der Robert Bosch Stiftung sollte Arnsberg eine Lernwerkstadt werden, von deren Erfahrungen andere Kommunen profitieren können. Im Mittelpunkt standen sowohl die Verknüpfung von professionellen und bürgerschaftlichen Initiativen als auch generationenübergreifende Veranstaltungen („Zirkus der Generationen") und die Schaffung von Netzwerken. Eine Fachstelle „Zukunft im Alter" wurde eingerichtet, die diese Aktivitäten initiiert, begleitet und koordiniert.[5]

Demenzfreundliche Kommunen und äußere Umwelt

Die Gestaltung des äußeren Raumes unter dem Aspekt der (Nicht-) Zugänglichkeit für Menschen mit kognitiven Beeinträchtigungen stellt nicht das einzige, in jedem Fall aber ein zentrales Element eines „demenzfreundlichen" Gemeinwesens dar. Inwieweit hat es aber einige Jahre nach Ausrufung der Kampagne „demenzfreundliche Kommunen (DFK)" praktische Bedeutung in der Arbeit der regionalen Initiativen und Projekte gefunden? Diese Frage zu beantworten ist schwierig, da bis auf wenige Ausnahmen[6] kaum Evaluationsberichte vorliegen und diese in der Regel nur einzelne Initiativen beleuchten. Auch eine Evaluation im Umfeld der zweiten Marge des von der Robert Bosch Stiftung getragenen Förderprogramms „Menschen mit Demenz in der Kommune" hatte eine eher begrenzte Reichweite.[7] Hier wurden zwölf Praxisprojekte besucht und vor Ort Gruppeninterviews mit den Projektbeteiligten geführt. Die Evaluation lieferte Hinweise beispielsweise zu den Aspekten „Zivilgesellschaftliches Profil" oder „Relevanz des bürgerschaftlichen Engagements in der Projektarbeit", nicht aber zu Aspekten der Gestaltung des äußeren Umfeldes sowie zu Fragen der Nutzung durch an Demenz Erkrankte. Die empirisch nicht belegte Einschätzung des Autors lautet, dass dieser Aspekt in den DFK-Projekten bisher so gut wie keine Rolle spielt.

Schlussfolgerungen

„Demenzfreundlichkeit", die sich auf Wissens-, Aufgeklärtheits- und Akzeptanzaspekte beschränkt, ohne durch „robuste" strukturelle Faktoren wie Zugänglichkeit der äußeren Umwelt, Möglichkeit der Nutzung des öffentlichen Raumes durch Menschen mit kognitiven Veränderungen (Begegnung, Austausch und gemeinsames Tun mit anderen, Selbstartikulation) arrondiert und fundiert wird, stellt kein ausreichendes Handlungskonzept für Kommunen dar. Bisher vorwiegend auf den Gebieten der Bewusstseinsbildung – sogenannter Awareness – erreichte Erfolge bedürfen dringend einer Weiterentwicklung im Sinne der genannten Punkte. Hierbei muss auf bisher vernachlässigte Akteure wie beispielsweise Stadtplaner und Architekten offensiv zugegangen werden. Vor allem jedoch wird es notwendig sein, Experten in eigener Sache – also Menschen mit Demenz – in entsprechende Aktivitäten und Strategien einzubeziehen.

1 Vgl. hierzu: P. Wißmann und R. Gronemeyer: *Demenz und Zivilgesellschaft. Eine Streitschrift*, Frankfurt am Main 2008, S. 73–77; sowie R. Gronemeyer und P. Wißmann: „Was demenziell Erkrankte brauchen. Auf dem Weg zu einer demenzfreundlichen Kommune", in: Bertelsmann-Stiftung (Hrsg.): *Initiieren – planen – umsetzen. Handbuch kommunale Seniorenpolitik*, Gütersloh 2009, S. 211–213.

2 Zitiert nach M. Stauch: *Hannah Arendts Konzeption des Gemeinsinns im Hinblick auf den Kommunitarismus. Politisches Handeln in nachmetaphysischer Zeit* (2005). www.math.hu-berlin.de/~stauch/ Hannah_Arendt.pdf

3 S. Reiß-Schmidt: *Der öffentliche Raum. Traum, Wirklichkeit, Perspektiven.* www.urbanauten.de/ reiss_schmidt.pdf

4 G. Kreutzner: „Die Entdeckung des (Dr-)Außen. Die äußere Umgebung als Faktor der Lebensqualität von Menschen mit Demenz", in: *DeSS-orientiert*.

5 Die Erfahrungen der Lern-Werkstadt Arnsberg sind in einer Publikation zusammengefasst, die online veröffentlicht wurde: *Arnsberger „Lern-Werkstadt" Demenz. Handbuch für Kommunen*, Arnsberg 2011. www.projekt-demenz-arnsberg.de

6 Vgl. z. B.: Demenz Support Stuttgart, Hochschule Esslingen: Evaluation der Demenzkampagne Ostfildern. „Wir sind Nachbarn". Projektbericht, 2009. www.demenz-ostfildern.de/.

7 C. Jurk: *Aktion Demenz e.V.: Menschen mit Demenz in der Kommune. Evaluation von 12 Praxisprojekten der zweiten Ausschreibungsphase*, 2012.

Begegnung von Menschen mit und ohne Demenz im Gottesdienst

Über die Autoren

SUSAN BLACK, geb. in Montreal, Kanada, absolvierte an der Universität Manitoba ihren Master in Architektur. Sie ist Gründungspartnerin von Perkins Eastman Black Architects in Toronto, Kanada. Ihr Büro, das sich seit jeher mit dem Gesundheitswesen beschäftigt, entwickelt weltweit neue Konzepte für akute, aber auch aufwendige Langzeitbehandlungen, demenz- und kinderfreundliche Wohnumfelder und ambulante Einrichtungen.

Prof. Dr. GABRIELE BRANDSTETTER promovierte an der Universität München über Clemens Brentano und habilitierte in Bayreuth mit *Tanz-Lektüren. Körperbilder und Raumfiguren der Avantgarde* (1995; 2., erweiterte Auflage 2013). Sie ist Professorin für Theater- und Tanzwissenschaft an der FU Berlin. Jüngste Veröffentlichungen: *Dance (And) Theory* (2013, mit Gabriele Klein), *Aging Body in Dance* (2014).

ECKHARD FEDDERSEN, geb. 1946 in Husum, Deutschland, nach Architekturstudium (Karlsruhe, USA, Berlin) und Assistenz am Fachbereich Architektur der TU Berlin initiierte er 1973 mit Wolfgang von Herder sein Büro. Eckhard Feddersen war Planungsdirektor der Bauausstellung Berlin 1999. 2002 gründete er Feddersen Architekten. 2009 gab er mit Insa Lüdtke den Entwurfsatlas *Wohnen im Alter* heraus. Er ist als Referent, Gutachter und Publizist tätig.

Dr. RALPH FISCHER, Theater- und Kulturwissenschaftler. Studium der Theaterwissenschaft in Mainz, Wien, Berlin und New York. Promotion zum Thema *Walking Artists. Gehen in den performativen Künsten*. Seit 2010 Studienleiter für Kulturwissenschaft in der Evangelischen Akademie Frankfurt. Ralph Fischer ist Autor zahlreicher Publikationen im Bereich Performancetheorie, Theater- und Kulturwissenschaft.

JONATHAN FRANZEN, geb. 1959, ist ein US-amerikanischer Schriftsteller. Sein dritter Roman *The Corrections* (dt. *Die Korrekturen*) gewann den National Book Award und war Finalist beim Pulitzer-Prize. Franzen veröffentlichte im Jahr 2002 eine Sammlung von Essays, *How to be Alone* (dt. *Anleitung zum Alleinsein*). 2010 erschien mit *Freedom* (dt. *Freiheit*) sein vierter Roman. Franzens Werk untersucht das Auseinanderfallen der Familie. Dabei verweisen seine Texte immer wieder auf die Zusammenhänge zwischen dem Einzelschicksal und gesellschaftlichen und politischen Entwicklungen.

BENTE HEINIG, geb. 1980 in Berlin, Deutschland, schloss zunächst ein rechtswissenschaftliches Studium an der Freien Universität Berlin ab, bevor sie Medizin in Greifswald studierte. Zurzeit arbeitet sie im Stoffwechsel-Centrum der Charité und als Projektärztin bei der Berliner Altersstudie II.

ANN HEYLIGHEN, geb. 1973 in Löwen, Belgien, studierte Architektur und Ingenieurwissenschaften in Löwen und Zürich. Sie promovierte an der KU Löwen und studierte anschließend an den Universitäten in Harvard und Berkeley. Sie ist Professorin in der Forschungsgruppe Research[x]Design der KU Löwen.

Dr. DIETER HOFFMANN-AXTHELM, geb. 1940 in Berlin, Deutschland, Studium der Theologie, Philosophie und Geschichte; lebt als Publizist und Stadtplaner in Berlin.

CHRISTEL KAPITZKI, geb. 1959 in Duisburg, Deutschland, studierte Literatur und Kunstgeschichte an der Freien Universität Berlin. Als Publizistin und freie Autorin veröffentlicht sie seit 1991 Bücher und Filme zu Architektur, Design und Tanz.

ELENI KOLOVOU, geb. 1981 in Athen, Griechenland, studierte Architektur und moderne Architektur mit dem Schwerpunkt Parametrisches Design an der University of Patras (UoP) und der Universitat Politècnica de Catalunya (UPC) in Barcelona. Sie arbeitet als Architektin, aber auch als Spieldesignerin und -erzieherin mobiler ortsbezogener Spiele und hat auf beiden Gebieten publiziert.

Prof. Dr. Dr. h.c. ANDREAS KRUSE ist seit 1997 Direktor des Institutes für Gerontologie der Universität Heidelberg. Studium der Psychologie, Philosophie, Psychopathologie und Musik. Internationale und nationale wissenschaftliche Auszeichnungen, u. a. Ehrenpromotion der Universität Osnabrück.

INSA LÜDTKE, geb. 1972 in Tübingen, Deutschland, arbeitet seit Abschluss ihres Architekturstudiums (TU Darmstadt) im Jahr 2000 als freie Journalistin an der Schnittstelle von Architektur, Wohnen, Pflege und Gesundheit. 2008 Gründung von Cocon Concept: Beratungen und Studien für die Sozial-, Immobilien- und Gesundheitswirtschaft; laufend Vorträge, Workshops, Moderationen sowie Publikationen.

Prof. Dr.-Ing.h.c. Dipl.-Ing. VOLKWIN MARG, geb. 1936 in Königsberg/Ostpreußen, Architekt, 1965 Gründungspartner des Architekturbüros von Gerkan, Marg und Partner zusammen mit Meinhard von Gerkan; über 350 fertiggestellte Bauten international; Mitglied der Deutschen Akademie für Städtebau und Landesplanung, der Freien Akademie der Künste zu Hamburg und zu Berlin; zahlreiche Auszeichnungen, Publikationen und Vorträge.

Dr.-Ing. GESINE MARQUARDT, geb. 1974 in Dresden, Deutschland, studierte Architektur an der Universität Stuttgart und dem New York Institute of Technology, USA. Sie promovierte zu demenzfreundlich gestalteten Altenpflegeeinrichtungen und forscht mit ihrer Arbeitsgruppe an der TU Dresden zu Architektur im demografischen Wandel.

DAVID McNAIR BA, CEng., FILP, geb. 1955 in Schottland, Großbritannien, ist Spezialist für Beleuchtung und ehemaliger Präsident der Institution of Lightning Professionals. In Zusammenarbeit mit der Universität Stirling sammelt er Wissen zur sinnvollen Nutzung von Licht und Beleuchtung für ältere Menschen, insbesondere für Menschen mit Demenz.

Dr. DOROTHEA MUTHESIUS, geb. 1958, studierte Musik, Musiktherapie und Soziologie in Berlin. Sie ist tätig als Musiktherapeutin in Wohngemeinschaften für Menschen mit Demenz, entwickelt und evaluiert Praxisprojekte im Bereich der Versorgung alter Menschen, promovierte über die Funktion von Musik in der Biografie und doziert in Altenpflegeausbildungen und Musiktherapiestudiengängen (Masterstudium Musiktherapie an der UdK Berlin und FH Würzburg-Schweinfurt). Letzte Veröffentlichung in 2010: Muthesius et al.: *Musik-Demenz-Begegnung. Musiktherapie für Menschen mit Demenz.*

Prof. Dr. WOLF D. OSWALD, geb. 1940 in Nürnberg, Deutschland, Gründungsdirektor des Institutes für Psychogerontologie der Universität Erlangen-Nürnberg, seit 2006 Leiter der Forschungsgruppe Prävention & Demenz, Gründungsvorstand der SimA-Akademie. Er ist Autor von über 250 Publikationen.

ANNETTE POLLOCK, geb. 1946 in Windsor, Großbritannien, studierte Architektur an der Universität Edinburgh, Schottland. Sie leitet die Abteilung Landschaftsgestaltung des Dementia Services Development Centre (DSDC) an der Universität Stirling. Zusammen mit Mary Marshall gab sie 2012 das Buch *Designing Outdoor Spaces for People with Dementia* heraus.

RICHARD POLLOCK, geb. 1946 in Schottland, Großbritannien, studierte Architektur, Städtebau und Regionalplanung sowie Philosophie in Edinburgh. 1974 gründete er das Architekturbüro Burnett Pollock Associates (heute BPA-Architecture) und spezialisierte sich auf Bauten für Menschen mit Behinderung. 1993 wurde er zum assoziierten Architekten des kurz zuvor gegründeten *Dementia Services Development Centre* an der Universität Stirling ernannt, wo er seit 2008 die Architektur-Abteilung leitet. Regelmäßig Vorträge und Veröffentlichungen zum Thema behinderten- und demenzgerechte Gestaltung.

UWE RADA, geb. 1963 in Göppingen, Deutschland, studierte Geschichte und Germanistik an der FU Berlin. Seit 1994 ist er Redakteur für Stadtentwicklung bei der Tageszeitung *taz*. Rada schrieb mehrere Bücher, zuletzt *Die Elbe. Europas Geschichte im Fluss*, München: Siedler Verlag 2013. Rada lebt in Berlin. www.uwe-rada.de

MICHAEL SCHMIEDER, geb. 1955 in Deutschland, gelernter Krankenpfleger mit Zusatzausbildung Notfallpflege. 1980 Übersiedlung in die Schweiz und seit 1985 Leiter der Sonnweid. Entwickelte dort Konzepte zur stationären Betreuung von Menschen mit Demenz wie das Konzept der Pflegeoase. 2001 Master in Applied Ethics der Universität Zürich. Vielfältige Beratungs- und Vortragstätigkeit zum Thema stationäre Betreuungsformen bei Demenz. Zahlreiche Artikel in Fachpublikationen.

Prof. Dr. med. ELISABETH STEINHAGEN-THIESSEN, geb. 1946 in Flensburg, Deutschland, studierte Medizin in Marburg. Heute ist sie Lehrstuhlinhaberin für Geriatrie und Ernährungswissenschaft an der Charité – Universitätsmedizin Berlin. Sie ist Mitglied im Deutschen Ethikrat und leitet eine Reihe interdisziplinärer Forschungsprojekte, z. B. die Berliner Altersstudie II.

SABINE SÜTTERLIN, geb. 1956 in Scherzingen, Schweiz, studierte Biochemie/Zellbiologie an der ETH Zürich. Als freischaffende Wissenschaftsautorin schrieb sie u. a. den *Demenz-Report*, den das „Berlin-Institut für Bevölkerung und Entwicklung" 2011 veröffentlichte.

BETH TAUKE ist außerordentliche Professorin für Architektur und außerordentliche Dekanin an der Universität des Staates New York in Buffalo. Sie ist Projektleiterin bei IDeA, einem der führenden Institute für inklusive Gestaltung in den USA. Ihre Forschungen und Veröffentlichungen konzentrieren sich auf multisensorische Wahrnehmung, besonders in Verbindung mit den Prinzipien der Gestalttherapie.

FRIEDERIKE TEBBE studierte Philosophie und Freie Malerei an der Ludwig-Maximilians-Universität München und der Akademie der Bildenden Künste München. Sie war anschließend als Dozentin für Farbe + Gestaltung an der UdK Berlin tätig und betreibt seit 2001 neben ihrer künstlerischen Arbeit das studio farbarchiv , mit dem sie Farbkonzepte für Architekten, Unternehmen und private Auftraggeber entwickelt. Diese Farbarbeit hat sie in der Publikation *Farbräume – Color Spaces* vorgestellt.

CHANTAL VAN AUDENHOVE, geb. 1956 in Gent, Belgien, ist Doktor für klinische Psychologie. Sie ist Professorin an der KU Löwen, leitet LUCAS, das Zentrum für Pflegeforschung und -beratung, und ist Koordinatorin der Forschungsstelle für Wohlfahrt, öffentliche Gesundheit und Familie.

IRIS VAN STEENWINKEL, geb. 1986 in Saintes, Frankreich, studierte Architektur und Ingenieurwissenschaft an der Fakultät für Architektur, Urbanistik und Planung an der Universität Löwen, wo sie zurzeit in der Forschungsgruppe Research[x]Design promoviert, wobei sie sich mit räumlichen Erfahrungen von Menschen mit Demenz beschäftigt.

DIPL. PSYCH. MONIKA WACHTER, geb. 1966 in Neustadt a. d. Aisch, Deutschland, studierte Psychologie an der Friedrich-Alexander-Universität Erlangen-Nürnberg, seit 2008 wissenschaftliche Mitarbeiterin der Forschungsgruppe Prävention & Demenz am Institut für Psychogerontologie der Universität Erlangen-Nürnberg.

PETER WISSMANN, geb. 1956 in Dinslaken, Deutschland, studierte Sozialpädagogik und Sozialarbeit an der Fachhochschule für Sozialarbeit Berlin. Er ist Geschäftsführer und wissenschaftlicher Leiter der Demenz Support Stuttgart gGmbH, Herausgeber von *demenz. DAS MAGAZIN* und Autor zahlreicher Publikationen.

MARKUS ZENS, geb. 1977 in Erding, Deutschland, hat Geografie an der Friedrich-Alexander-Universität Nürnberg, der Freien Universität Berlin und der Nileen-Universität Khartum, Sudan, studiert. Er leitet die Öffentlichkeitsarbeit am Evangelischen Geriatriezentrum Berlin.

Literaturverzeichnis

Bachelard, G.: *Poetik des Raumes*, Frankfurt am Main: Ullstein, 1975

Baier, F. X.: *Der Raum. Prolegomena zu einer Architektur des gelebten Raumes*, Köln: König, 2000

Bickel, H.: *Die Epidemiologie der Demenz*, Informationsblatt, Deutsche Alzheimer Gesellschaft e. V. Selbsthilfe Demenz, Berlin, 2012

Blume, T.; Duhm, B.: *Bauhaus. Bühne. Dessau*, Berlin: Jovis Verlag, 2008

Bollnow, F. O.: *Mensch und Raum*, Stuttgart: Kohlhammer, 1963

Brawley, E. C.: *Design Innovations for Aging and Alzheimer's. Creating Caring Environments*, Hoboken, New Jersey: Wiley, 2006

Cantley, C.; Wilson, R. C.: *Put Yourself in my Place. Designing and Managing Care Homes for People with Dementia*, Bristol: The Policy Press, 2002

Cohen, U.; Weisman, G. D.: *Holding on to Home. Designing Environments for People with Dementia*, Baltimore: Johns Hopkins University Press, 1991

Deutscher Ethikrat (Hrsg.): *Demenz – Ende der Selbstbestimmung?* Vorträge der Tagung des Deutschen Ethikrates 2010, Berlin: Deutscher Ethikrat, 2012

Feddersen, E.; Lüdtke, I. (Hrsg.): *Entwurfsatlas Wohnen im Alter*, Basel, Berlin, Boston: Birkhäuser, 2009

Galfetti, G. G.: *My House, My Paradise. The Construction of the Ideal Domestic Universe*, Barcelona: Gustavo Gili, 1999

Heeg, S.; Bäuerle, K.: *Heimat für Menschen mit Demenz. Aktuelle Entwicklungen in Pflegeheimen*, Frankfurt am Main: Mabuse, 2008

Kämmer, K.: *50 Tipps für die Umsetzung von mehr Lebensqualität bei Menschen mit Demenz*, Hannover: Schlütersche, 2013

Karrer, D.: *Der Umgang mit dementen Angehörigen. Über den Einfluss sozialer Unterschiede*, Wiesbaden: VS Verlag für Sozialwissenschaften, 2009

Krämer, K.H. (Hrsg.): *Bauen für Senioren/ Building for the Elderly* (Architektur + Wettbewerbe; 212), Stuttgart: Krämer, 2007

Kruse, A. (Hrsg.): *Lebensqualität bei Demenz? Zum gesellschaftlichen und individuellen Umgang mit einer Grenzsituation im Alter*, Heidelberg: AKA, 2010

Living. Frontiers of Architecture III-IV. Ausstellungskatalog, Humblebaek Louisiana Museum of Modern Art, 2011

Marquardt, G.: *Kriterienkatalog demenzfreundlicher Architektur. Möglichkeiten der Unterstützung der räumlichen Orientierung in stationären Altenpflegeeinrichtungen*, Berlin: Logos Verlag, 2007

Marshall, M.; Pollock, A. (Hrsg.): *Designing Outdoor Spaces for People with Dementia*, Greenwich, N.S.W.: Hammond Press, 2012

Mühlegg-Weibel, A. (Hrsg.): *Demenz verstehen. Leitfaden für die Praxis*, Wetzikon: Sonnweid AG, 2011

Payk, T. R.: *Demenz*, München: Reinhardt, 2010

Rau, U. (Hrsg.): *Barrierefrei – Bauen für die Zukunft*, Berlin: Beuth Verlag, 2013 (3. Aufl.)

Riley, T.: „The Un-Private House", in: *The Un-Private House*, Ausstellungskatalog, New York, NY: MoMA, 1999

Robert-Bosch-Stiftung (Hrsg.): *Gemeinsam für ein besseres Leben mit Demenz. [4] Demenzkranken begegnen*, Bern: Huber, 2007

Ronnberg, A.; Martin, K. (Hrsg.): *Das Buch der Symbole. Betrachtungen zu archetypischen Bildern*, Köln: Taschen, 2011

Schaal, H. D.: *Innenräume – Interior Spaces*, Berlin: Ernst & Sohn, 1995

Utton, D.: *Designing Homes for People with Dementia*, London: The Journal of Dementia Care, Hawker Publications, 2007

Waldherr, G.: „Ruhe bewahren. Tradition, Heimat, Werte. Das klingt muffig und reaktionär. Doch es kann auch ganz modern sein. Dann heißt es: Citta- slow", in: *brand eins*, H. 8/2007, S. 130–137

Weiner, M.F.; Cullum, C.M.; Rosenberg, R.N. und Honig, L.S.: "Aging and Alzheimer`s disease: lessons from the Nun Study", in: *Gerontologist* 1998; 38: S. 5-6.

Welter, R.; Hürlimann, M.; Hürlimann-Siebke, K.: *Gestaltung von Betreuungseinrichtungen für Menschen mit Demenzerkrankungen*, Zürich: Demenzplus Hürlimann + Welter, 2006

Wohnen – Wer mit wem, wo, wie, warum (Arch+; Nr. 176/177), Aachen: Archplus Verlag, 2006

World Health Organization: *Dementia – A Public Health Priority*, Genf, 2012

Danksagung

Viele Menschen haben zum Entstehen dieses Buches beigetragen. Wertvolle Hinweise erreichten uns im Vorfeld von Prof. Ursula Lehr (Deutschland), Prof. Mary Marshall (Großbritannien), Dr. Radha S. Murthy (Indien), Prof. Elisabeth Steinhagen-Thiessen (Deutschland), Richard Taylor, PHD (USA) und Dr. John Zeisel (USA).

Danken möchten wir allen Autoren, die in ihren Beiträgen mit ihren Erfahrungen und Expertisen aus ganz unterschiedlichen Disziplinen und Perspektiven heraus das Thema Architektur und Demenz beleuchten. Ebenso danken wir Architekten und Bauherren sowie Künstlern, Institutionen und Privatsammlern aus aller Welt, die uns ihre Projekte, Planungen sowie Fotos und Kunstwerke zur Dokumentation und Illustration zur Verfügung gestellt haben.

Ganz besonders möchten wir unserer Lektorin Christel Kapitzki danken. Sie hat uns während des gesamten Arbeitsprozesses mit ihrem reichen Erfahrungsschatz im Büchermachen beraten und begleitet.

Darüber hinaus gilt unser Dank allen Institutionen und Unternehmen, die sich wie wir für das Thema Architektur und Demenz – oder treffender: für eine sinnliche Architektur – begeistern können.

BOS
Best Of Steel

BOS Best Of Steel ist der führende Hersteller von Stahlzargen in Europa und produziert seit über 45 Jahren Stahl- und Edelstahlzargen für Türen und Fenster. Mit einem Team qualifizierter Architekten finden wir die richtige Standardlösung oder entwickeln eine individuelle Lösung.
Design, Funktion und Nachhaltigkeit für alle Bereiche Ihrer Gebäude.

mauser
möbel die mitdenken

Einrichtungssysteme für gepflegtes Wohnen, Mauser Einrichtungssysteme liefert Komplettausstattungen für Wohn-, Gemeinschafts- und Arbeitsbereiche in Pflege-, Reha- und Sozialeinrichtungen. Das Unternehmen betreut seine Kunden von der ersten Idee bis zur fertig eingerichteten Immobilie. Entwicklung, Herstellung und Service erhält der Auftraggeber im Direktvertrieb aus einer Hand.

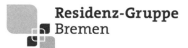

Residenz-Gruppe Bremen

Die Residenz-Gruppe Bremen ist einer der 20 größten Betreiber von Pflegeeinrichtungen in Deutschland. Neben den 35 Häusern gehören auch ein ambulanter Pflegedienst, ein Akutkrankenhaus und eine Reha-Klinik zum Unternehmen. Im Jahr 2010 wurde Rolf Specht als Bremer Unternehmer des Jahres ausgezeichnet.

Hans Sauer Stiftung

Die Hans Sauer Stiftung ist seit 25 Jahren in der Förderung von Forschung und Erfindungen tätig. Im Sinne des Stifters und Erfinderunternehmers Hans Sauer (1923–1996) fördert die Stiftung technische und soziale Innovationen, von denen ein klarer gesellschaftlicher und ökologischer Nutzen zu erwarten ist.

Waldmann W
ENGINEER OF LIGHT.

Waldmann entwickelt hochwertige und effiziente Leuchten für die Bereiche Industrie, Büro, Pflege & Gesundheit sowie Systeme für die medizinische Phototherapie. Dabei verfügt das Unternehmen seit mehr als 10 Jahren über seine Kompetenzen zur biologischen Wirksamkeit von Licht auf den Menschen.

ARTHUR WASER GRUPPE
Wertschriften|Immobilien|Beteiligungen

Die Arthur Waser Gruppe bewirtschaftet ein eigenes Immobilienportfolio mit Fokus auf Erwerb von Gewerbe- und Industrieobjekten. Sie erwirbt Beteiligungen an Unternehmungen und investiert in Wertschriften. 1999 wurde die Arthur Waser Stiftung zur Unterstützung von kulturellen und sozialen Projekten gegründet.

Bildnachweis